A FÊNIX ISLAMISTA

Da autora:

Economia Bandida:
A nova realidade do capitalismo

Maonomics:
Por que os comunistas chineses
se saem melhores capitalistas do que nós

LORETTA NAPOLEONI

A FÊNIX ISLAMISTA

O ESTADO ISLÂMICO E A RECONFIGURAÇÃO DO ORIENTE MÉDIO

Tradução
Milton Chaves de Almeida

Copyright © Loretta Napoleoni, 2013

Publicado originalmente por Seven Stories Press, Nova York, EUA, 2013

Publicado no Brasil mediante acordo especial com Seven Stories Press e seu agente Villas-Boas & Moss Agência e Consultoria Literária

Título original: *The Islamist Phoenix: The Islamic State and the Redrawing of the Middle East*

Capa: Sérgio Campante

Imagem de capa: Medyan Dairieh/ZUMA Press/Corbis/Latinstock

Editoração: FA Studio

Texto revisado segundo o novo
Acordo Ortográfico da Língua Portuguesa

2015
Impresso no Brasil
Printed in Brazil

Cip-Brasil. Catalogação na publicação.
Sindicato Nacional dos Editores de Livros, RJ.

N173f	Napoleoni, Loretta
	    A fênix islamista: o Estado Islâmico e a reconfiguração do Oriente Médio / Loretta Napoleoni; tradução Milton Chaves de Almeida. — 1. ed. — Rio de Janeiro: Bertrand Brasil, 2015.
	    154 p. ; 23 cm.
	
	    Tradução de: The islamist phoenix: the Islamic State and the redrawing of the Middle East
	    ISBN 978-85-286-1851-8
	
	    1. Islamismo. 2. Terrorismo – Aspectos religiosos – Islamismo. 3. Terroristas – Países islâmicos. I. Título.

	CDD: 303.6250917671
15-19286	CDU: 316.485.26(53)

Todos os direitos reservados pela:
EDITORA BERTRAND BRASIL LTDA.
Rua Argentina, 171 — 2º andar — São Cristóvão
20921-380 — Rio de Janeiro — RJ
Tel.: (0xx21) 2585-2070 — Fax: (0xx21) 2585-2087

Não é permitida a reprodução total ou parcial desta obra, por quaisquer meios, sem a prévia autorização por escrito da Editora.

Atendimento e venda direta ao leitor:
mdireto@record.com.br ou (0xx21) 2585-2002

A Giuseppe
Obrigada pelo apoio

SUMÁRIO

Agradecimentos   9

Nota sobre Terminologia   11

Introdução   15

Prólogo: Um Novo Tipo de Terrorismo?   25

Capítulo 1: De al-Zarqawi a al-Baghdadi   31
    O Legado de al-Zarqawi   32
    O Cinturão de Bagdá   36
    Al-Baghdadi: o Profeta Moderno   38
    O Estado Islâmico do Iraque e do Levante   40

Capítulo 2: Ensaios para a Criação do Califado   45
    A Versão Moderna da Guerra por Procuração   46
    Privatizando o Terrorismo   54
    Criando o Primeiro Estado-Fantasma Islamista na Síria   57
    Buscando Aprovação e Solidariedade da População
       no Estado-Fantasma   60

Capítulo 3: O Paradoxo da Nova Roma   65
    O Instrumento de Disseminação da Violência   68
    Roma, a Troia Moderna   73
    O Maior Desafio do Califado   76

Capítulo 4: A Fênix Islamista   79
    A Criação de um Superterrorista   80
    O Poder das Redes Sociais   82
    O Supremo Fascínio do Califado   89
    A Versão Moderna do Salafismo   92

Capítulo 5: A Jihad Moderna   95
    Duas Jihads   97
    O Âmbito Territorial da Jihad   100

Capítulo 6: Salafismo Radical   105

Capítulo 7: Os Novos Mongóis   109
    Al-Takfir   110
    A Cegueira do Ocidente   112
    A Justificativa do Zelo Religioso   116

Capítulo 8: Guerras Medievais Contemporâneas   119
    A Desencarnação das Nações Árabes   119
    A Terceira Guerra Mundial   122
    Reformulando o Conceito de Estado Moderno   126

Epílogo   129

Glossário   133

Notas Bibliográficas   145

AGRADECIMENTOS

A elaboração deste livro começou em junho de 2014, enquanto eu via a última encarnação da organização de al-Zarqawi avançar pelo território iraquiano. Na companhia de minha agente literária, Diana Finch, e de meu editor, Dan Simon, da Seven Stories Press, reli *Insurgent Iraq* e, após ter examinado as informações ali reunidas, concluí que minhas teses estavam corretas. Assim, começamos a trabalhar enquanto os acontecimentos deflagravam como explosões na consciência da sociedade global, transformando o Estado Islâmico no novo arqui-inimigo do mundo. E, enquanto o livro seguia para o prelo, a situação de conflito no Oriente Médio continuava a evoluir.

Gostaria de fazer um agradecimento especial à jornalista e amiga Laura Passetti, que me ajudou na coleta de informações e dados sobre o Estado Islâmico; a Edith Champagne, que me mostrou quanto é moderna a campanha de propaganda ideológica realizada pelo Estado Islâmico; a Francesca Borri, que me abriu os olhos para a questão do conflito na Síria. Ria Julien, amiga e editora do *Insurgent Iraq*, concordou em editar também *A Fênix Islamista*; portanto, agradeço também a ela por haver tornado meu texto melhor e mais claro.

Como sempre, meu assistente Federico Bastiani foi de um valor inestimável; sem ele, eu não teria concluído este trabalho a tempo. Outros que merecem especial gratidão são minha cunhada, Claudia Gerson, e meu queridíssimo amigo, Bart Stevens, por terem lido o manuscrito, e não uma vez apenas, mas duas. Agradeço também a Sally Klein, por ter cozinhado e cuidado de mim enquanto eu escrevia, e a seus lindos netos, por me terem feito sorrir.

Obrigada, Steven e Eleonora Creaturo, por terem me emprestado sua casa em East Quogue, onde editei o primeiro manuscrito.

Sem a equipe da Seven Stories, você, caro leitor, não estaria lendo este livro e, sem o trabalho de Silvia Stramenga, as muitas traduções nele constantes simplesmente não existiriam.

Outro digno de especial gratidão é Luigi Bernabó, meu agente literário italiano, que jamais duvidou que este livro seria um sucesso.

Agradeço a meu marido, meus filhos, minha mãe e minha tia, que são sempre muito solidários. Muito obrigada também a minha prima Marina e a Davide; a meus amigos, com os quais posso contar sempre: eles ouviram atentamente minhas intermináveis histórias sobre o Estado Islâmico.

NOTA SOBRE TERMINOLOGIA

A escalada do poder da organização armada que, em junho de 2014, adotou o nome de Estado Islâmico foi rápida. Até pouco tempo, ela era quase totalmente desconhecida. Nos últimos anos, esse grupo mudou de nome várias vezes. Originalmente parte da organização *al-Tawhid wal-Jihad*, comandada por Abu Musab al-Zarqawi, tornou-se depois o Estado Islâmico do Iraque (EII), grupo que acabou se fundindo com a facção da Al-Qaeda no Iraque. Em 2010, quando Abu Bakr al-Baghdadi se tornou seu líder, o grupo voltou a usar sua antiga denominação de Estado Islâmico do Iraque. Em 2013, após uma fusão com um braço da *Frente Jabhat al-Nusra*, um grupo jihadista sírio filiado à Al-Qaeda, a organização mudou seu nome para Estado Islâmico do Iraque e do Levante (al-Sham), mais conhecido pelo acrônimo EIIL (ISIL ou ISIS, nas siglas em inglês).[1] Por fim, pouco antes do anúncio da criação do Califado por seus líderes, o EIIL tornou-se o Estado Islâmico. Na Síria, contudo, desde o início e atualmente no Iraque também, o grupo é conhecido como *al-Dawlat*, ou o Estado.

Cada novo termo ou expressão usado para designar o grupo tem correspondência com grandes acontecimentos e importantes mudanças na organização. Desse modo, o estudo e a definição do conteúdo semântico e morfológico das designações do Estado Islâmico e suas implicações constituem uma peça de dificuldade adicional no quebra-cabeça político do Oriente Médio que o Ocidente e o restante do mundo estão tentando montar e compreender.

A expressão *al-Tawhid wal-Jihad*, quase sempre traduzida como monoteísmo e jihad, transmite a ideia de que Deus é Onímodo e Onipresente; portanto, a vida só pode existir dentro dos limites e da autoridade de Sua Lei. Consequentemente, os muçulmanos consideram o Estado Islâmico original, o primeiro Califado, cuja criação se deu no século VII pela ação do profeta Maomé e seus companheiros, uma sociedade perfeita governada por um mandato divino. Em suma, ele era a expressão política da vontade de Deus. Hoje, o gesto característico do Al-Tawhid, o ato de estender o braço para cima e apontar o dedo indicador para o céu, tornou-se a saudação extraoficial do Estado Islâmico contemporâneo.

A transição do Al-Tawhid wal-Jihad para o status de Estado Islâmico no Iraque coincidiu com a decisão do grupo armado de al-Zarqawi de concentrar esforços no Iraque para restringir sua jihad[*] a esse país, como plataforma de lançamento de sua campanha para o restabelecimento do Califado. Assim também, a decisão de al-Baghdadi de adicionar o termo "al-Sham", a antiga forma designativa da capital, Damasco, e seus territórios circunjacentes, cidade de onde um dos primeiros califas governou o mundo muçulmano, representa um passo adiante em relação a seu antecessor e assinala o início de um esforço transnacional para alcançar o objetivo último da organização: a restauração do Califado.

O nascimento do Estado Islâmico, a mais recente autodenominação adotada pelo EIIL, apenas um dia antes da proclamação do Califado, significa o alcance de um importante novo estágio na criação de um Estado nacional, o processo de recriação das circunstâncias que, no século VII, levou à busca do estabelecimento da sociedade islâmica ideal.

---

[*] Entendida aqui, segundo a intenção contextual da autora, como "guerra santa". (N.T.)

Hoje, a mídia e os políticos do Ocidente usam várias designações para descrever a organização armada comandada por al-Baghdadi. A Casa Branca e o governo britânico, por exemplo, usam o acrônimo inglês ISIL (EIIL), enquanto os meios de comunicação americanos preferem ISIS (Estado Islâmico do Iraque e da Síria, EIIS em português). A rede de televisão PBS prefere, no entanto, a designação Estado Islâmico, enquanto alguns componentes da mídia australiana adotaram a expressão Grupo de Estado Islâmico, a fim de evitar a impressão de que se trata de um Estado nacional, em vez de uma organização armada. Em inglês, de uma forma geral, os acrônimos ISIS e ISIL soam melhor do que simplesmente IS; daí, a sua popularidade nos países de língua inglesa. A relutância dos políticos em usar a palavra "estado" deriva do receio de que as pessoas passem a aceitar, ainda que graças a uma simples palavra, a alegação de que o Estado Islâmico não é uma organização terrorista, mas um Estado legitimado por uma guerra de conquista, com a aprovação dos próprios conquistados.

Ao longo deste livro, usei a expressão Estado Islâmico porque foi assim que o grupo se autodefiniu recentemente e porque talvez seja dessa forma que ele continue a ser conhecido. Em minha opinião, a expressão Estado Islâmico transmite ao mundo uma mensagem muito mais realista do que os acrônimos ISIS (EIIS) ou ISIL (EIIL). É uma mensagem que exprime a determinação do grupo em ser bem-sucedido na reedição do Califado do século XXI. O uso menos preciso de acrônimos com fins antipropagandistas, por exemplo, para ocultar a verdadeira natureza do Estado Islâmico, não nos ajudará a enfrentar a ameaça atual. Ao contrário: é muito provável que, mais uma vez, isso nos impeça de desenvolver uma estratégia especial para levar a paz de uma vez por todas ao Oriente Médio.

INTRODUÇÃO

Pela primeira vez desde a Primeira Guerra Mundial, uma organização armada está redesenhando o mapa do Oriente Médio configurado no passado por franceses e britânicos. Com sua guerra de conquista, o Estado Islâmico (EI), antes conhecido como Estado Islâmico do Iraque e do Levante (al-Sham), EIIL ou EIIS, está apagando as linhas de fronteira determinadas pelo Acordo Sykes-Picot, estabelecido em 1916. Hoje, a bandeira preta e amarela do EI tremula sobre um território maior do que o do Reino Unido ou do Texas, uma região que se estende das praias mediterrâneas da Síria até o coração do Iraque, a área administrada pelos sunitas. Desde o fim de junho de 2014, essa região é conhecida como o Califado Islâmico,[2] denominação que deixara de existir com a dissolução do Império Otomano pelas mãos do general Ataturk, em 1924.

Muitos observadores ocidentais veem no Estado Islâmico, tal como na Al-Qaeda anteriormente, uma organização anacrônica em busca do ressuscitamento do passado. Aliás, refugiados sírios e iraquianos disseram que sua forma de governo em nada difere da estabelecida pelo regime Talibã, no Afeganistão. Nas sociedades dominadas pelo Estado Islâmico, as pessoas são proibidas de fumar e usar câmeras; nelas, as mulheres não têm permissão de viajar sem a companhia de um parente do sexo masculino e, em público, são obrigadas a cobrir o corpo inteiro com vestes apropriadas e não podem usar calças compridas.[3] O Estado Islâmico parece empenhado também numa espécie de expurgo religioso, que seus líderes buscam alcançar com um proselitismo agressivo. Moradores do território controlado por ele que não fogem de seu guante opressor para outras terras são obrigados a adotar seu credo salafista radical ou enfrentar a morte por execução.

Desde sua ascensão ao proscênio da liderança global da organização, o líder do EI e califa Abu Bakr al-Baghdadi vem sendo comparado ao mulá Omar, chefe da Al-Qaeda. O curioso é que essas comparações podem ter levado os serviços secretos ocidentais a subestimar a ele e a força de sua organização. Apesar dos métodos aparentemente medievais com que trata questões de respeito à ordem jurídica e da obrigatoriedade de observância de padrões de comportamento social, considerar o EI uma organização fundamentalmente retrógrada seria um erro. Pois enquanto o mundo dos talibãs ficou limitado a escolas de ensino do Alcorão e ao estudo dos ensinamentos dos escritos do Profeta, a globalização e a moderna tecnologia foram as principais engrenagens da máquina incubadora do Estado Islâmico.

O que diferencia essa organização de todos os outros grupos armados que a precederam — incluindo os que militaram durante a Guerra Fria — e o que explica seus enormes sucessos são a sua modernidade[4] e seu pragmatismo. Além disso, seus líderes demonstram uma compreensão sem paralelo das limitações enfrentadas pelas potências contemporâneas num mundo globalizado e multipolar. Por exemplo, o EI entendeu, antes que a maior parte de seus oponentes conseguisse fazê-lo, que uma intervenção estrangeira conjunta do tipo que realizaram na Líbia e no Iraque não seria possível na Síria. Foi nesse cenário que os líderes do Estado Islâmico conseguiram explorar em benefício próprio, de forma quase imperceptível, o conflito na Síria — uma versão contemporânea da guerra por procuração mantida por muitos patrocinadores de conflitos e grupos armados. Desejosos de uma mudança de regime na Síria, kuaitianos, catarianos e sauditas têm se mostrado dispostos a financiar uma série de organizações armadas, das quais o EI é apenas uma. No entanto, em vez de travar a guerra por procuração bancada por seus financiadores, o Estado Islâmico tem usado o dinheiro fornecido por eles para estabelecer seus próprios bastiões territoriais em regiões financeiramente estratégicas, como nos ricos campos de petróleo do Leste da Síria. No passado, nenhuma organização armada do Oriente Médio tinha conseguido promover-se como governante da região usando o dinheiro de seus ricos patrocinadores dos países do golfo Pérsico.

Em marcante contraste com a retórica dos talibãs e apesar do tratamento bárbaro que dá a seus inimigos, o Estado Islâmico vem disseminando uma eficiente mensagem política, em parte positiva, pelo mundo islâmico: o retorno do Califado, de um novo Período Áureo do Islã. Essa mensagem surge numa época de grande desestabilização no Oriente Médio, com a Síria e o Iraque ardendo em guerras intestinas, a Líbia à beira de um conflito de tribos rivais, o Egito fervilhando de cidadãos descontentes governados pelo exército, e Israel envolvido em mais uma guerra com os habitantes de Gaza. Assim, o renascimento do Califado sob o comando de um novo califa, al-Baghdadi, parece, aos olhos de muitos sunitas, não o surgimento de mais um grupo armado, mas o renascimento, das cinzas de décadas de guerras e destruição, de uma nova e promissora organização política.

O fato de que a Fênix Islamista tenha renascido no primeiro dia do Ramadã de 2014, o mês sagrado dos muçulmanos, consagrado ao jejum e a preces, deveria ser considerado um forte prenúncio da ameaça que o Estado Islâmico representa para a legitimidade de todos os cinquenta e sete países cujos cidadãos, em sua maioria, seguem a fé islâmica. "O caráter legal de todos os emirados, grupos, Estados e organizações se torna nulo com a expansão da autoridade do califa e a chegada de seus soldados a essas áreas", advertiu o porta-voz do EI, Abu Mohammed al-Adnani. É uma ameaça representada por um Estado contemporâneo comandando um exército moderno, que busca fundamentar sua legitimidade na primeira manifestação territorial do Islã, na Arábia dos séculos VIII e IX.

Essa ameaça muito concreta é sentida principalmente pelos países que têm fronteiras em comum com a Síria e o Iraque. Em julho de 2014, a bandeira do Estado Islâmico apareceu em povoados jordanianos e, em agosto, milhares de militantes do EI, oriundos da Síria, entraram de enxurrada no Líbano, tomando a cidade de Arsal. Desde que essa ofensiva foi lançada, até mesmo antigos patrocinadores receiam agora o poder militar do Califado: no começo de julho, a Arábia Saudita despachou 30 mil soldados para suas fronteiras com o Iraque depois que o exército iraquiano se retirou dessas áreas.

Por baixo do verniz religioso e das estratégias terroristas, jaz, porém, uma máquina político-militar totalmente empenhada na criação de um Estado nacional e, mais surpreendente ainda, na busca da aprovação consensual e colaboração das populações remanescentes na esteira de suas conquistas territoriais. Moradores dos enclaves controlados pelo Califado afirmam que a chegada de combatentes do EI coincide com melhorias na administração e no funcionamento diário de seus povoados. Guerrilheiros do EI taparam buracos em vias e estradas, improvisaram cozinhas comunitárias gratuitas para aqueles que perderam seus lares e garantiram o fornecimento de energia durante vinte e quatro horas por dia aos povos conquistados.[5] Com essa atitude, o EI dá mostras de que entende que, no século XXI, não é possível criar Estados somente com atos terroristas e violência. Seus integrantes parecem compreender que, para vingar, os Estados precisam subsistir com a aprovação popular.

Embora, territorialmente, o plano-mestre seja o de recriação do antigo Califado de Bagdá — cujos domínios se estendiam da capital do Iraque até o longínquo e moderno Israel em seus dias de glória, antes de ter sido destruído pelos mongóis, em 1258 —, politicamente o objetivo do Estado Islâmico é forjar a encarnação do Califado em pleno século XXI. Em seu primeiro discurso como califa, al-Baghdadi prometeu devolver aos muçulmanos "a dignidade, o poder, os direitos e a liderança" do passado e conclamou médicos, engenheiros, juízes e especialistas em jurisprudência islâmica a se unirem a ele nesse esforço.[6] Enquanto ele discursava, uma equipe de tradutores ao redor do mundo trabalhava para divulgar, quase instantaneamente, o texto de seu discurso em sites jihadistas na web, bem como pelo Facebook e pelo Twitter, em vários idiomas, incluindo o inglês, o francês e o alemão.[7]

Para muitos, o principal objetivo do Estado Islâmico é ser para os sunitas o que Israel é para os judeus: um Estado instalado em seu antigo território, restaurado nos tempos modernos; um poderoso Estado teocrático que os protege onde quer que eles estejam. Por mais chocante e repulsiva que possa ser essa comparação, é inobstante eficiente mensagem levada à juventude muçulmana desprovida de direitos, que sobrevive no vácuo político criado por fatores conturbadores e dissolventes, tais como a corrupção generalizada, a desigualdade socioeconômica e a injustiça reinantes nos modernos Estados islâmicos; a ditadura cruel de Bashar al-Assad; a recusa do governo de Nuri al-Maliki de integrar os sunitas na contextura da vida política iraquiana e acabar com a perseguição imposta a eles pela máquina de opressão política de Bagdá; a falta de recomposição da infraestrutura socioeconômica destruída durante a guerra e a alta taxa de desemprego. É uma mensagem não só eficiente, mas também com grande poder de sedução para os que vivem no exterior, a deserdada juventude muçulmana na Europa e na América que luta para se integrar a uma sociedade ocidental que oferece cada vez menos oportunidades às novas gerações juvenis. Nenhuma outra organização armada deu mostras de compreensão e intuição da situação da política interna das sociedades do Oriente Médio e da frustração dos imigrantes muçulmanos em todo o mundo. Nenhuma outra organização armada se adaptou tão bem a fatores contingentes, tais como o do fornecimento de infraestrutura socioeconômica básica e parcerias comerciais com autoridades locais no território que ela controla, em seus esforços de construção de um Estado nacional.

Aliás, os dirigentes do EI estudaram as táticas e a estrutura de outros grupos armados e aplicaram as lições aprendidas nesse processo em um novo contexto. Assim como as organizações armadas europeias das décadas de 1960 e 1970, tais como as Brigadas Vermelhas, na Itália, e o IRA, da Irlanda do Norte, o Estado Islâmico conhece a força da "propaganda do medo" e tem sido muito hábil no uso de redes sociais para divulgar, entre audiências locais e globais, vídeos e imagens de grande apelo visual, com suas ações bárbaras. O medo veiculado por esses instrumentos é uma arma de conquista muito mais poderosa do que as pregações religiosas, algo que a Al-Qaeda não conseguiu entender. O Estado Islâmico sabe também que atos de violência extrema vendem notícias: num mundo sobrecarregado de informações, os meios de comunicação, operando vinte e quatro horas por dia, vivem à procura de imagens contendo fatos sempre mais sensacionalistas — daí o excesso de fotografias e vídeos exibindo punições e torturas brutais transferidos para servidores na web em formatos de arquivos que possam ser facilmente assistidos em telefones celulares. Em nossa sociedade virtual dominada por pulsões voyeurísticas, pacotes de informações embrulhados com o papel de uma estética sedutora, mas que mais parecem grosseiras manifestações de sadismo, tornaram-se fonte de grandes espetáculos.

O EI aprendeu lições também sobre o poder da propaganda com fontes mais próximas de casa. Seus integrantes analisaram as máquinas de propaganda que os governos dos Estados Unidos e do Reino Unido usaram para justificar o ataque preventivo contra o Iraque em 2003. Prestaram especial atenção no discurso, feito perante o Conselho das Nações Unidas em 5 de fevereiro de 2003, do então ministro das Relações Exteriores dos EUA, Colin Powell, ao qual se atribuiu a criação do mito da importância ameaçadora de Abu Musab al-Zarqawi para justificar a invasão do Iraque. Graças a uma ampla e profissional utilização de redes sociais, o Estado Islâmico criou também mitos igualmente falsos para fazer proselitismo, recrutamento e levantamento de recursos financeiros pelo mundo islâmico.

Crucial para o sucesso dessa estratégia tem sido a rede de segredos e mitos cuidadosamente entretecida em torno do líder do EI, Abu Bakr al-Baghdadi. Neste mundo saturado de informações, o mistério desempenha também um importante papel no estímulo da imaginação coletiva. Assim, quanto mais alguma coisa é mantida em segredo, mais as pessoas desejam que ela seja revelada, e, quanto menos elas sabem a respeito do assunto, mais se aguçam sua curiosidade e imaginação. Exiba a um punhado de pessoas uns poucos videoclipes e elas completarão o quadro sugerido da maneira que mais lhes agradar ou da forma por que possam fazê-lo. A moderna publicidade criou uma indústria de 1 trilhão de dólares com base nesses simples conceitos. Agora, a máquina de propaganda do Estado Islâmico está usando-os para fabricar o mito de al-Baghdadi e do novo Califado. O Islã sustenta-se, ademais, no mistério da volta do Profeta. Assim, ao mesmo tempo que o EI aterroriza os ocidentais com trucidações de uma barbaridade chocante, o grupo leva seus aliados e financiadores muçulmanos a acreditar que o profeta voltou à Terra nas vestes carnais de al-Baghdadi. O que surpreende nisso tudo é a nossa própria surpresa.

Usando o aguilhão da violência e os códigos legais da xariá, juntamente com a vergasta propagandística das mídias sociais e uma série de programas sociais populares destinados a melhorar as condições de vida da população sunita aprisionada no Califado, o EI revela o profundo pragmatismo de que é senhor. (Também nesse aspecto ele é diferente da Al-Qaeda.) Se essa estratégia for bem-sucedida, a comunidade internacional será forçada a enfrentar uma nova situação na história do terrorismo e da formação de novos Estados e identidades nacionais. Ou seja, o Estado Islâmico terá uma solução viável para o "dilema do terrorismo", atualmente a maior ameaça ao Estado moderno.

Aliás, o Estado moderno precisa decidir se deve considerar atos de terrorismo uma ameaça à segurança nacional ou à lei e à ordem. Esse dilema provém da dupla responsabilidade do Estado moderno: proteger seus cidadãos de inimigos externos e criminosos internos. Como o objetivo de grupos armados é acabar com os governos de certos países, eles representam uma ameaça à segurança nacional; por exemplo, o objetivo do EI é libertar os territórios do antigo Califado de Bagdá do governo tirânico dos xiitas e anexar a Jordânia e Israel para recriar essa instituição. Contudo, grupos armados usam criminosos em suas ações e, no caso da Al-Qaeda ou do Estado Islâmico, meios bárbaros, tais como ataques a bomba suicidas e até a crucificação de oponentes para alcançar seus objetivos. Até o advento da guerra contra o terrorismo empreendida por Bush, os países consideravam o terrorismo uma forma de crime, ou seja, uma ameaça à lei e à ordem, e usavam seus sistemas judiciários para lidar com o problema. Mesmo quando Bush declarou que a Al-Qaeda era uma ameaça à segurança nacional, seus membros eram considerados meros combatentes fora da lei e nunca ganharam o status de inimigos. O terrorismo, portanto, podia ser tido como um tipo de crime com os objetivos de uma guerra.[8]

Todavia, se o Estado Islâmico, usando os meios de ação do terrorismo para ganhar controle territorial e conseguir reformas sociais e políticas para obter aprovação popular, for bem-sucedido na construção de um Estado moderno, um em que o mundo deveria confiar, terá conseguido provar o que todas as organizações armadas professavam: o fato de que seus membros não são criminosos, mas inimigos empenhados numa guerra de guerrilha para derrubar governos corruptos, tirânicos e ilegítimos.

Este livro foi escrito enquanto a guerra de conquista do Estado Islâmico avançava, com a autora sempre atenta aos noticiários. Uma vez que esse conflito prosseguirá por um tempo considerável, o livro procura responder perguntas fundamentais a respeito da natureza e dos objetivos do Estado Islâmico e do Califado, não para prever o desfecho desse conflito, mas para ajudar o leitor a entender sua verdadeira natureza. Uma conclusão que podemos tirar imediatamente é que, desde o ataque do 11 de Setembro, o negócio do terrorismo islâmico tem se fortalecido, em vez de se enfraquecer — a ponto de ter se expandido para o terreno da criação de uma nação inteira —, simplesmente procurando manter-se atualizado com as coisas de um mundo em rápida transformação, no qual os instrumentos de propaganda e da tecnologia desempenham um papel de importância decisiva. Já não se pode dizer o mesmo com relação às forças empenhadas em impedir que ele se expanda.

Prólogo

Um Novo Tipo de Terrorismo?

Nos últimos três anos, o Estado Islâmico obteve sucessos sem precedentes. Com meios brutais e fria sagacidade, ele pode alcançar o historicamente inalcançável: a reconstrução do Califado. No período posterior à Segunda Guerra Mundial, nenhum grupo armado conseguiu apoderar-se de um território tão grande. No auge de sua militância, a OLP, de longe a maior organização armada do Oriente Médio, controlava apenas uma fração das terras que o Estado Islâmico governa hoje. De modo geral, essa façanha é vista como consequência do conflito na Síria, considerada a incubadora de uma nova espécie de terrorismo.

Sem dúvida, em meio às dores de parto de uma guerra civil pós-Primavera Árabe e com as entranhas infestadas de insurgentes islâmicos, os acontecimentos na Síria proporcionam oportunas bases explicativas para a exclusão da ideia da existência de um elo comum ligando o Estado Islâmico aos atentados do 11 de Setembro e à invasão americana do Iraque em 2003. O Ocidente e o mundo se aferram à ideia de que a realidade terrível no Iraque e na Síria atuais não tem precedente histórico, que não somos responsáveis pelos correntes acontecimentos no Oriente Médio. Assim, em contraste com as determinadas e resistentes forças da Al-Qaeda no Afeganistão ou o exército suicida de al-Zarqawi no Iraque, o Estado Islâmico é retratado como uma nova espécie: uma organização capaz de gerar enormes recursos financeiros, atuando como uma multinacional de violências, comandando um exército vasto e moderno e bancando soldados perfeitamente treinados. Tudo isso é verdade. O que é inverídico é a novidade e a singularidade de seus traços genéticos.

Com certeza, ao contrário do Talibã ou da Al-Qaeda, o Estado Islâmico administra vastos recursos financeiros, gerados em parte pela anexação de centros de produção, tais como campos de petróleo e usinas elétricas espalhados pela Síria. De acordo com o *The Wall Street Journal*, somente a exportação de petróleo gera 2 milhões dólares por dia para a organização.[9] Além disso, dentro do território que o grupo controla, ele cobra impostos tanto de empresas comerciais quanto de negócios de vendas de armas, outros equipamentos militares e produtos em geral, a maior parte deles transportada por lucrativas rotas de contrabando ao longo das fronteiras da Síria com a Turquia e o Iraque. O excepcional "tino comercial" dessa organização, extraordinário em comparação não só com o do Talibã, mas também com o de todos os outros grupos armados, foi confirmado recentemente pela casual descoberta de seu "balanço anual". Com uma detalhada exposição de receitas e despesas, chegando a minúcias relatoras como o custo de cada uma de suas missões suicidas e elaborado de acordo com as mais requintadas técnicas de contabilidade, o balanço demonstra aquilo que o leitor poderia ser perdoado por confundir com um relatório do orçamento de uma próspera e autêntica multinacional.[10]

No entanto, a capacidade do Estado Islâmico para funcionar como um empreendimento terrorista não é única — nem sua capacidade para gerar riqueza, tampouco sua compreensão da importância da posse de bens estratégicos, tais como a Represa de Mossul.

Segundo a CIA, já em meados de 1990, a OLP havia acumulado recursos financeiros que oscilavam entre 8 e 14 bilhões de dólares, números mais altos que os PIBs, na época, do Bahrein (6 bilhões), da

Jordânia (10,6 bilhões) e do Iêmen (6,5 bilhões).[11] Dono de uma fortuna estimada em 2 bilhões de dólares, o Estado Islâmico ainda tem pela frente um longo caminho a seguir para se igualar à riqueza da OLP.[12]

A área em que o EI supera de fato organizações armadas do passado encontra-se na esfera das proezas militares, na manipulação das mídias, em programas sociais e, sobretudo, na construção de um Estado e formação de uma identidade nacional. Essas vantagens sutis nos programas tradicionalmente empreendidos por grupos armados indicam a existência de uma melhoria do antigo modelo de terrorismo, e não uma mutação genética. Aliás, esses avanços provêm da capacidade do Estado Islâmico de adaptar-se a um ambiente pós-Guerra Fria em rápida transformação.

No passado, atividades terroristas ficavam restritas a pequenos territórios dominados por poderosos exércitos nacionalistas: a OLP combateu a máquina de guerra israelense; o IRA, o exército britânico. Da mesma forma, as aspirações territoriais de organizações insurgentes eram inevitavelmente limitadas por alianças maiores no período da Guerra Fria, as quais sustentavam a configuração de fronteiras nacionais, ao passo que somente as duas superpotências de então podiam bancar o financiamento de guerras por procuração.

Hoje, atuamos em um mundo multipolar de alianças instáveis, abundante em terrorismos bancados por algumas nações. Foi por isso que o Estado Islâmico conseguiu estabelecer seu Califado numa vasta região fervilhante de conflitos religiosos, financiados por várias nações patrocinadoras de guerras. Por conta dessa atitude ousada, ele vem enfrentando mais de um inimigo — os exércitos sírio e iraquiano, a Frente Islâmica, uma coalizão de grupos jihadistas, os rebeldes sírios e até milícias xiitas e as forças curdas Peshmerga —, todos empenhados em lutas numa multiplicidade de frentes de combate, embora alguns estejam enfraquecidos pela corrupção.[13] Ter em mente a clareza dessa diferença é fundamental, porquanto ela explica por que o Estado Islâmico vem sendo bem-sucedido numa guerra de conquista que ameaça romper as modernas fronteiras de uma região com a enormidade do Oriente Médio, algo que nenhuma outra organização armada tinha conseguido antes.

Se sua proeza econômica e militar não conseguiu caracterizá-la como uma espécie praticante de um novo tipo de terrorismo, tampouco o fez seu gosto medieval por exibições de violência bárbara, que a mídia ocidental, em suas reportagens, qualificou de chocante até mesmo para os líderes da Al-Qaeda. Afinal, foi a própria Al-Qaeda, do infame Khalid Sheikh Mohammed, considerado o mentor intelectual dos ataques do 11 de Setembro, a responsável pela decapitação, em 2002, do jornalista do *The Wall Street Journal* Daniel Pearl, um ato que, pela primeira vez na história, fez com que chegasse ao conhecimento do mundo, pela televisão, a prática desse tipo de assassinato bárbaro. A execução de Pearl foi seguida, em 2004, pela decapitação de Nicholas Berg, pelas mãos do grupo de Abu Musab al-Zarqawi. Nesse mesmo ano, a emboscada em que caíram quatro mercenários da Blackwater, cujos corpos em chamas foram arrastados pela principal rua da cidade iraquiana de Falluja, representou o que muitos consideraram o cúmulo da perversidade. Infelizmente, os atos de violência do Estado Islâmico não são diferentes disso.

Ressurgido, portanto, das cinzas da Guerra contra o Terrorismo, num ambiente de conflitos por procuração na era do pós-Guerra Fria, o Estado Islâmico renasceu não sob a vestimenta material de uma organização praticante de um novo tipo de terrorismo, mas na forma de uma mutação de sua antiga Constituição. Seu sucesso resulta da convergência de vários fatores, entre os quais figuram um mundo globalizado e multipolar, o domínio no emprego de tecnologias modernas, uma tentativa pragmática de criação de uma nova nação, uma profunda compreensão da psicologia dos povos do Oriente Médio e dos emigrantes muçulmanos e o perdurante fantasma da resposta do Ocidente aos atentados do 11 de Setembro, reação que mergulhou partes do Oriente Médio num abismo de uma década de conflitos religiosos. Ignorar esses fatos é mais do que adotar uma atitude ilusória e superficial — é perigoso. O ditado "conheça seu inimigo" continua a ser o mais importante a considerar no combate ao terrorismo.

Capítulo 1

De al-Zarqawi a al-Baghdadi

O sucesso do Estado Islâmico nos impõe um momento de reflexão e reavaliação. É hora de proclamarmos o fracasso de nosso sistema de contraterrorismo em nosso esforço para impedir o advento do Califado; é chegado o momento de encararmos as nossas responsabilidades. O mundo precisa de um novo método de ação para deter o avanço dessa organização política hostil, principalmente agora que ela reconfigura, a ferro, fogo e sangue, as fronteiras do Oriente Médio. Essa nova estratégia não pode ser engendrada com a negação do fato óbvio de que a gênese do Califado está profundamente relacionada a décadas de imposições, pelo Ocidente, de políticas e intervenções ao Oriente Médio.

Se o EI conseguir criar uma nação com territórios do Iraque e da Síria, a ameaça representada por esse feito irá muito além da paisagem política dessas duas nações. Pela primeira vez na história moderna, uma organização armada terá alcançado o objetivo final do terrorismo: criar seu próprio Estado nacional com as cinzas de nações consolidadas, e não por meio de uma revolução, tal como aconteceu no Irã, mas com uma guerra de conquista tradicional com base em táticas terroristas.[14] Se lograr o feito, o Estado Islâmico haverá se tornado o novo modelo de terrorismo.

Como chegamos a esse ponto? Devemos procurar a longa resposta na partilha territorial do Oriente Médio no pós-guerra, quando a região estava ainda nas mãos das antigas potências coloniais. Já a resposta sucinta, nós a acharemos na ofensiva preventiva conjunta lançada contra o Iraque e na guerra civil na Síria. A primeira ajudou a criar um dos mais brilhantes e enigmáticos estrategistas da jihad moderna, o finado Abu Musab al-Zarqawi, um homem que desafiou abertamente a liderança histórica da Al-Qaeda e que, como veremos, reacendeu o antigo e sangrento conflito entre sunitas e xiitas para usá-lo como um fator tático fundamental para o renascimento do Califado. Já o conflito na Síria proporcionou uma oportunidade única, uma plataforma de lançamento, para os que haviam assimilado a mensagem de al-Zarqawi e que desejavam concretizar o sonho dele, entre os quais Abu Bakr al-Baghdadi, o novo Califa.[15]

Para entender como, num espaço de uma década, um grupo de jihadistas tornou-se uma força devastadora, capaz de desestabilizar regiões inteiras e revelar suas mais profundas contradições políticas e religiosas, é necessário voltar no tempo, à época da estrela em ascensão al-Zarqawi e à deflagração do conflito na Síria.

O Legado de al-Zarqawi

De origem beduína, Abu Musab al-Zarqawi nasceu num bairro da classe operária de Zarpa, a segunda maior cidade jordaniana, apenas sete meses antes do início da Guerra dos Seis Dias, em 1967. Jovem problemático e criminoso de pequena monta, foi preso quando contava vinte e poucos anos de idade e passou cinco anos na prisão, onde abraçou o salafismo radical, uma doutrina que, tal como veremos, professa a rejeição total dos valores e da influência do Ocidente. Ainda hoje, o salafismo é o credo adotado pelo Estado Islâmico. Quando foi solto, al-Zarqawi partiu imediatamente para o Afeganistão, para unir-se aos mujahedin, mas chegou tarde demais para lutar contra os soviéticos.

A FÊNIX ISLAMISTA **33**

Em 2000, em Candaar, Afeganistão, al-Zarqawi encontrou-se com Osama bin Laden pela primeira vez. Numa atitude ousada, o jovem jihadista recusou um convite do saudita para ingressar na Al-Qaeda. Al-Zarqawi não estava preparado para lutar contra os Estados Unidos, o inimigo de terras distantes. Ao contrário disso, ele queria empenhar-se na luta contra o inimigo próximo, o governo jordaniano, e fundar um Estado verdadeiramente islâmico na região. Esse se tornou o objetivo do modesto centro de treinamento que, pouco depois, ele estaria operando em Herat, Afeganistão, perto da fronteira com o Irã, preparando terroristas suicidas para atentados a bomba em missões pelo Oriente Médio.

Aliás, a entrada de al-Zarqawi na arena de luta iraquiana foi marcada pelos primeiros ataques suicidas no país. Em agosto de 2003, um caminhão-bomba explodiu na sede das Nações Unidas em Bagdá, matando o chefe da delegação e vários membros da instituição. Alguns dias depois, Yassin Jarrad, o pai da segunda esposa de al-Zarqawi, atirou-se com um carro carregado de explosivos contra a mesquita do imã Ali. A explosão matou 125 xiitas, entre os quais o aiatolá Mohammed Baqer al-Hakim, o líder espiritual do Conselho Supremo da Revolução Islâmica no Iraque (CSRII), atual Supremo Conselho Islâmico do Iraque. O aiatolá tinha acabado de retornar do Irã, após a queda de Saddam Hussein, e estava se preparando para conduzir o CSRII à vitória política num Iraque democrático.[16]

Na época dos ataques, analistas ocidentais não conseguiram perceber a ligação entre os dois acontecimentos. Em agosto de 2003, muitos ocidentais acreditavam que o conflito no Iraque era, de um lado, uma luta bilateral entre forças de coalizão e seus aliados e, de outro, entre a milícia xiita de Moqtada al-Sadr e os fiéis seguidores de Saddam. Pelo movimento jihadista internacional, porém, a mensagem foi bem compreendida e assimilada. Al-Zarqawi havia sinalizado que o conflito no Iraque tinha duas frentes: uma contra as forças de coalização e outra contra os xiitas. E sua principal tática terrorista eram missões suicidas.

Do fim de agosto de 2003 até dezembro de 2004, quando Osama bin Laden reconheceu-o oficialmente como o chefe da Al-Qaeda no Iraque, os jordanianos lideravam um grupo de jihadistas conhecido como Tawhid al-Jihad, cujo nome foi mudado mais tarde para Estado Islâmico no Iraque (EII, ou ISI, na sigla em inglês). Bin Laden, contudo, desaprovava a estratégia do EII de provocar uma divisão entre as insurgências de sunitas e xiitas, já que não compartilhava do receio de que um movimento de resistência nacionalista unificado pudesse surgir na condição de vitoriosa frente secular no Iraque, marginalizando assim os jihadistas. Na primavera de 2004, o receio de al-Zarqawi foi confirmado quando a revolta xiita liderada por Moqtada al-Sadr despertou a admiração de insurgentes sunitas, que afixaram pôsteres do imã em muros das edificações de bairros sunitas. Pelo visto, Bin Laden estava errado. Foi nessa ocasião que os sauditas decidiram incorporar o grupo de al-Zarqawi à Al-Qaeda, batizando-o com o nome de Al-Qaeda no Iraque, para que se unisse a ela em sua guerra religiosa.

Como emir da Al-Qaeda no Iraque, al-Zarqawi conseguiu atrair um número de seguidores e recursos suficientes para enfrentar as forças americanas, enquanto prosseguia com uma série implacável de atentados a bomba suicidas contra xiitas que estava empurrando o Iraque para a beira do precipício de uma guerra civil. Sua morte, num ataque aéreo americano em 2006, impediu a eclosão de um conflito religioso no Iraque e incapacitou temporariamente sua organização.

De 2006 em diante, porém, surgiu uma disputa pelo poder para a conquista do controle da Al-Qaeda no Iraque. Ao mesmo tempo,[17] com o advento de um movimento que ficou conhecido como o Despertar

Sunita, anciãos convenceram a população a voltar as costas aos jihadistas, passando a considerá-los estrangeiros e inimigos.[18] Isso, combinado com a operação de "reforço" da estratégia militar americana, resultou no enfraquecimento de todos os grupos jihadistas no Iraque. Somente em 2010, quando Abu Bakr al-Baghdadi se tornou o líder do que sobrara do braço da Al-Qaeda no Iraque, as coisas começariam a mudar.

Liderado por al-Baghdadi, o grupo voltou a adotar o nome original de Estado Islâmico no Iraque e, embora houvesse continuado a atacar alvos americanos no país, começou a distanciar-se da Al-Qaeda. Al-Baghdadi estava ciente da impopularidade da marca Al-Qaeda entre sunitas iraquianos após o Despertar e buscou projetar na mente do povo uma imagem com traços mais familiares e nacionalistas. Ele sabia também que, para a população sunita, o governo xiita, chefiado pelo primeiro-ministro Maliki — que os havia tratado de forma abertamente discriminatória e injusta usando táticas políticas e atos de violência —, era ainda mais impopular do que a Al-Qaeda.[19] Consequentemente, ele atacou alvos xiitas, atiçando assim o conflito religioso.

Mas logo ficou patente que essa estratégia não produziria os frutos desejados, porquanto o EII era pequeno e fraco demais para provocar mudanças. Assim, al-Baghdadi viu no conflito sírio uma oportunidade para remodelar o grupo e fortalecer sua organização.

Em 2011, al-Baghdadi despachou um pequeno grupo de jihadistas para a Síria. Viajando pelas antigas rotas de contrabando através dos desertos do noroeste do Iraque, eles agiram como elementos da vanguarda do EII, incumbidos de saber se o conflito sírio poderia proporcionar oportunidades concretas para um crescimento militar da organização. Acabaram constatando que, de fato, elas existiam. Desse modo, a guerra por procuração na Síria serviu não apenas para fornecer aos membros do EII treinamento militar, mas proporcionou também os recursos financeiros para a remodelação do grupo, transformando-o não apenas em mais uma das muitas organizações jihadistas armadas, mas num participante de importância fundamental no jogo dos conflitos regionais, com sua própria fortaleza territorial e máquina militar.

Ao contrário dos líderes da Al-Qaeda, que evitavam lançar-se em conquistas territoriais para concentrar-se no combate ao inimigo de terras distantes, ou seja, os Estados Unidos, al-Baghdadi comungava na crença de al-Zarqawi de que, sem uma grande e forte base territorial no Oriente Médio, sua luta estaria fadada ao fracasso. O sonho acalentado por ele era tão ambicioso quanto o que al-Zarqawi alimentara: recriar o Califado de Bagdá por meio de uma guerra de conquista contra os inimigos próximos — as elites oligárquicas e corruptas que governavam a Síria e o Iraque, os xiitas.

Nesses países, al-Baghdadi seguiu uma estratégia que al-Zarqawi havia iniciado anos antes, travando uma guerra de conquista de porta em porta, ocupando cidades e impondo a xariá em todas elas. No Iraque, ele chegou ao cúmulo de usar estratégias militares desenvolvidas por seu antecessor, tais como a empregada no Cinturão de Bagdá, recurso que se revelaria decisivo para a construção do Califado.[20]

O Cinturão de Bagdá

O Cinturão de Bagdá era o codinome criado por al-Zarqawi para designar seu plano de conquista de Bagdá. Em vez de tomar o centro urbano da capital, ele planejava isolá-la conquistando aos poucos o "cinturão" de cidades da região.

A FÊNIX ISLAMISTA **37**

De acordo com seu plano original, al-Zarqawi pretendia usar as bases do EII nas cidades do cinturão "para controlar o acesso a Bagdá e canalizar dinheiro, armas, carros-bomba e combatentes para a cidade".[21] Ele planejava também "obstruir as rotas aéreas usadas por helicópteros americanos postando células terroristas munidas de artilharia antiaérea ao longo das rotas nas áreas do cinturão em torno de Bagdá".[22] O Cinturão em si era dividido em cinco regiões distintas: uma no sul, abrangendo as províncias de Babil, ao norte, e Diyala, ao sul; uma no oeste, compreendendo a província oriental de Anbar e a área do Thar; uma ao norte, abarcando a província de Salah-ad-Din, ao sul, e cidades como Taji; uma no leste, compreendendo as áreas rurais a leste de Bagdá; e o "Cinturão de Diyala", que incluía Baqubah e Khalis.[23]

No começo de 2006, os jihadistas do grupo de al-Zarqawi iniciaram a execução do plano, tomando primeiramente a cidade de Falluja e a maior parte da província de Anbar. Em março e abril, eles avançaram sobre Bagdá, conquistando Karma e Abu Ghraib. Por fim, lançaram ataques a bomba no norte da província de Babil e no sul de Bagdá. Com a maior parte do Cinturão sob seu controle, o grupo consolidou o poder em sua fortaleza sunita. Mas, em 2007, os responsáveis pelo reforço da tropa americana no Iraque enviaram mais de 130 mil soldados para lá com a missão de reconquistar as cidades em torno de Bagdá e do chamado "triângulo da morte", ao sul da capital. Em parceria com contingentes militares organizados por líderes do movimento, o Despertar Sunita e forças de segurança iraquianas que chegavam a centenas de milhares, as operações americanas no país duraram mais de um ano e seus ataques "visaram os centros de comando e controle operacional, centros e bases de treinamento militar e fábricas de bombas suicidas e artefatos explosivos improvisados do Estado Islâmico no Iraque (na época, braço da Al-Qaeda no país)".[24] Próximo ao desfecho da operação, seus responsáveis anunciaram que ela foi um sucesso.

No verão de 2014, al-Baghdadi reinstalou o formidável exército do EI no local em que haviam estado as forças do EII em 2007, ao fim da operação nas cidades do Cinturão de Bagdá. Ao fazer isso e ficar mais perto do estabelecimento do Califado, ele conseguiu aquilo que o próprio al-Zarqawi jamais conseguira: a incorporação das cidades do Cinturão de Bagdá a um novo Estado. Não surpreende, portanto, que muitos sunitas iraquianos vejam al-Baghdadi e o Estado Islâmico como uma Fênix Islamista, renascida das cinzas da jihad de Abu Musab al-Zarqawi.

Al-Baghdadi: o Profeta Moderno

Embora somente em 2010, quatro anos após a morte de al-Zarqawi, al-Baghdadi tivesse assumido o posto de líder da Al-Qaeda no Iraque, os dois milicianos fizeram parte da mesma operação durante vários anos. Com o início da invasão americana em 2003, al-Baghdadi uniu-se ao grupo de al-Zarqawi, o Tawhid al-Jihad, com a tarefa de infiltrar combatentes estrangeiros no Iraque. Mais tarde, ele se tornou o emir de Rawa, uma cidade perto da fronteira com a Síria, onde presidiu seu próprio tribunal da xariá e "ficou famoso pela brutalidade, por mandar executar publicamente suspeitos de ajudarem as forças de coalizão lideradas pelos EUA".[25] Nessa governança de Rawa, podemos ver as sementes dos frutos que al-Baghdadi produzirá na administração de seu Califado.

Assim como al-Zarqawi, al-Baghdadi concentrava-se nas operações do dia a dia da organização e evitava a divulgação de vídeos e fazer pronunciamentos políticos, comportamento comum entre líderes jihadistas. Tanto é o caso que existem apenas duas conhecidas fotografias de al-Baghdadi da época anterior à ocasião em que foi nomeado califa. Uma delas exibe um homem sério, com a pele de um moreno pálido e rosto arredondado. Na outra, divulgada pelo governo iraquiano em janeiro de 2014, ele aparece barbado, carrancudo, trajando um terno preto.[26] É uma foto riscada e desfocada, como se fosse a fotografia de outra fotografia. Nesse período, al-Baghdadi costumava manter o rosto coberto mesmo diante de seus homens de maior confiança, atitude que fez com que o apelidassem de "o xeque invisível". Ainda hoje, envolto numa aura de sigilo e mistério, esse moderno califa é a antítese de políticos ocidentais e ditadores árabes, com sua índole personalista, ostentatória, sua ladainha pontificante, cujas estampas, onipresentes, afixadas em toda parte, promovem o culto de suas próprias personalidades.

A preferência de al-Baghdadi por evitar os holofotes pode ter sido cultivada durante os cinco anos que ficou encarcerado em Camp Bucca, no Sul do Iraque, após ter sido capturado pelas forças americanas, em 2005. Tal como seu antecessor jordaniano, ele procurou comportar-se com toda discrição possível, evitando chamar atenção sobre si mesmo e assim induzindo os americanos a se desperceberem de seu verdadeiro potencial para ocupar cargos de liderança.[27]

Al-Baghdadi é dono de um passado bem diferente das origens humildes de seu antecessor. Nascido em 1971, em Samarra, Iraque, al-Baghdadi alega ser um descendente direto do profeta Maomé. De acordo com uma biografia citada em muitas fontes por jihadistas, "ele é procedente de uma família de religiosos. De seu grupo de irmãos e tios, fazem parte imãs e professores universitários do idioma árabe, bem como de retórica e de lógica".[28] Al-Baghdadi em si tem diploma de estudos islâmicos pela Universidade de Bagdá e trabalhou como imã na capital e em Falluja antes de sua captura. Sua formação acadêmica dá credibilidade à sua interpretação do Islã e serviu para promover sua imagem como uma versão moderna do Profeta. Nunca, desde os tempos do xeque Azzam, o fundador da Maktab al-Khidamat (MAK), ou Agência de Serviços Afegãos, destinada a arrecadar fundos para o financiamento da guerra dos afegãos contra os soviéticos, um jihadista moderno teve uma formação oficial em teologia como essa. Em sua primeira aparição oficial após sua ascensão ao posto de califa, ele discursou no interior da Grande Mesquita de Mossul, trajando as vestes tradicionais de um imã. Na ocasião, suas palavras não foram as de um terrorista bárbaro, mas de um líder religioso sábio e pragmático: "Sou o wali [líder] que os governa, embora eu não seja o melhor entre vocês; portanto, se virem que estou certo, ajudem-me. Se virem que estou errado, advirtam-me e ponham-me no caminho certo, e só me obedeçam se eu obedecer a Deus em vocês."[29]

O Estado Islâmico do Iraque e do Levante

Como califa, al-Baghdadi consolidou alguns baluartes na Síria e atraiu para suas fileiras combatentes do exterior empreendendo uma hábil campanha de propaganda. De acordo com Shiraz Maher,[30] graduado pesquisador do International Centre for the Study of Radicalization do Kings College, de Londres, al-Baghdadi acolhia novos integrantes, enquanto outras organizações, tais como a Frente al-Nusra, considerada por muitos uma espécie de franquia da Al-Qaeda na Síria, recusava quaisquer possíveis recrutas, temendo que representassem tentativas de infiltração. A facilidade de ingresso no EII, combinada com a sofisticada imagem de que ele desfrutava nas mídias, aumentou sua popularidade no exterior, principalmente entre muçulmanos do Ocidente.

Em 2013, o EII orquestrou uma fusão estratégica com membros da Frente al-Nusra. Essa aliança deu origem a uma nova organização:

o Estado Islâmico do Iraque e do Levante (al-Sham). Isso provocou, todavia, a cisão de vários comandantes da al-Nusra — que rejeitaram a fusão — e desencadeou reações de encarniçada rivalidade no seio da insurgência na Síria.

Apesar das semelhanças ideológicas entre a Frente al-Nusra e o EII, muitos observadores encararam a fusão com desconfiança. Pois, enquanto o antigo grupo vinha se empenhando em ações para derrubar o governo de Assad, o EII sempre se concentrara nos objetivos de conquista de seu próprio território. "O EIIL não tomou nada das forças de Assad; ele se envolveu em combates com os rebeldes e outros grupos jihadistas. Sua estratégia era atacar as posições deles para criar seu próprio enclave", afirma Francesca Borri, jornalista autônoma e autora de *La Guerra Dentro*. Aliás, al-Baghdadi nunca escondeu seu plano de construir um Estado islâmico dentro da Síria assolada pela guerra e, assim, para muitos sírios o EII parecia um invasor estrangeiro. Já a al-Nusra tinha planos menos ambiciosos.

De fato, pelo tanto que ele não se absteve de realizar ataques não só contra grupos sunitas rivais, mas também contra grupos religiosos sectários, al-Baghdadi é considerado um comandante perigoso por muitos jihadistas. "Tanto a Frente Islâmica quanto o Exército Livre da Síria e outros rebeldes consideram o EIIL um de seus inimigos", explica Michael Przedlacki, o documentarista autor de *Aleppo: Notes from the Dark*.[31] "Comandante rebelde" foi uma expressão usada pela Al-Qaeda para qualificar o comportamento de al-Zarqawi depois que ele comandou as primeiras missões suicidas contra alvos xiitas em 2003. Assim também, dez anos depois, a fusão do grupo de Baghdadi com a al-Nusra deixou os dirigentes da Al-Qaeda furiosos. Ayman al-Zawahiri decidiu intervir na questão: ele reprovou a fusão e ordenou que al-Baghdadi voltasse para o Iraque, declarando que os comandantes da al-Nusra eram os verdadeiros representantes da Al-Qaeda na Síria.

Assim como em 2003 al-Zarqawi ignorara as críticas da Al-Qaeda, em 2013 a resposta de al-Baghdadi às ordens de Zawahiri foi desafiadora: "Se tenho que escolher entre o governo de Deus e o governo de al-Zawahiri, escolho o governo de Deus."[32] Essas palavras simples confirmavam o crescente enfraquecimento da Al-Qaeda, em comparação com a estrela em ascensão da liderança do Estado Islâmico. "Nestes poucos mais de 10 anos, [al-Zawahiri] manteve-se isolado, escondido numa área da fronteira do Afeganistão com o Paquistão, e não fez muito mais que a simples divulgação de algumas declarações e vídeos", disse o ex-chefe de contraterrorismo do serviço de inteligência estrangeiro britânico Richard Barrett à agência France-Presse. "Embora al-Baghdadi tenha feito um monte de coisas incríveis — capturou cidades, mobilizou quantidades enormes de gente, ele está matando pessoas impiedosamente no Iraque e na Síria [...] Se você é um sujeito que gosta de ação, se daria muito bem com al-Baghdadi."[33]

É inegável que a popularidade do Estado Islâmico provém do fascínio causado por seus sucessos militares extraordinários sobre uma população frustrada, após décadas de governos desumanos de líderes árabes apoiados pelo Ocidente, pessoas desiludidas pela corrupção dentro da própria OLP e do Hamas e deprimidas por conta de um período aparentemente infindável de rivalidades, guerras e sanções provocadas por diferenças religiosas.

Imerso no ambiente de guerra civil na Síria e diante de um Iraque com seu progresso prejudicado pela intervenção do Ocidente, o EI tem evitado emitir fátuas* e fazer sermões, preferindo conquistar seguidores oferecendo promessas de libertação política com a restauração do Califado. A aceitação desse novo Estado, porém, sai ao preço

---

* Ou "fatwa". É decisão jurídica baseada na lei islâmica. Fonte: www.priberam.pt (N.T.)

de desvantagens consideráveis para os seguidores em busca de uma solução política duradoura para décadas de guerras e destruição. Ele exige que seus súditos aceitem regras severas, punições rigorosas e, no caso das mulheres, a condição de cidadã de segunda classe, desprovida de muitos direitos. Além do mais, conforme demonstram as ofensivas do EI, nem xiitas nem seguidores de nenhuma outra crença terão vez nesse futuro Estado, a menos que abracem o salafismo.

Apesar de tanta brutalidade, o Estado Islâmico e al-Baghdadi propuseram um programa que satisfaz os anseios de sunitas perseguidos. Por enquanto, essa nova entidade é apenas um Estado-fantasma, um corpo com a infraestrutura socioeconômica de um Estado, mas desprovido da alma do reconhecimento político e da identidade nacional de uma verdadeira nação. E justamente quando, no outono de 2014, os Estados Unidos anunciam um programa de ataques aéreos para deter as ações e o avanço do grupo, al-Baghdadi vem trabalhando para mudar isso. O Estado Islâmico está mais perto do que nunca de alcançar seu objetivo.

Capítulo 2

Ensaios para a Criação do Califado

O Califado não representa a única tentativa histórica de uma organização armada de criar um Estado-fantasma. Décadas atrás, a OLP conseguiu formar um Estado-fantasma depois que obtivera de seus patrocinadores a própria independência e de ter privatizado com eficiência o negócio do terrorismo internacional. O curioso é que, da mesma forma que o Ocidente ficou chocado quando, no verão de 2014, ele descobriu a riqueza autônoma do EI, esse feito foi recebido com surpresa pelos israelenses. Diante das alegações absurdas de especialistas em contraterrorismo, que disseram que não poderiam ter previsto a ascensão do Estado Islâmico no firmamento dos grupos jihadistas — que se deu, se não por meio de suas conquistas militares, certamente o foi por intermédio de seus empreendimentos financeiros —, a história da independência financeira da OLP merece ser lembrada.

Em dezembro de 1987, os palestinos que viviam na Faixa de Gaza e na Cisjordânia deflagraram uma insurreição conhecida como Intifada. Esse levante espontâneo provocou uma nítida mudança na política externa de Israel. O governo israelense não tolerou mais a entrada "extraoficial" de dinheiro nos Territórios Ocupados e ordenou que a polícia procurasse interceptar contrabandos de dinheiro nos postos de travessia de fronteira. Assim, no ano seguinte, mais de 20 milhões de dólares em espécie foram confiscados. Contudo, isso pouco serviu para restringir a ajuda econômica à OLP nos Territórios Ocupados. Foi, pois, abundante o dinheiro ganho por rotas de acesso legítimas, quase sempre sofisticadas.[34]

O que os israelenses logo descobriram foi que Arafat havia transformado uma confederação de grupos armados mal estruturada, financiada por vários patrocinadores, numa organização econômica complexa, capaz de se autocapitalizar. Ela agia como um Estado *de facto* nos territórios que controlava, graças a várias atividades legais e ilegais, que iam desde a exportação de têxteis ao tráfico internacional de drogas.[35] A OLP gerava uma receita anual maior do que o produto interno bruto de alguns países árabes.

Era com esse dinheiro que Arafat administrava Gaza e a Cisjordânia de fato, livre do controle de seus ex-patrocinadores. Todavia, com dinheiro, porém sem reconhecimento político, os Territórios Ocupados não podiam ser considerados um Estado na verdadeira acepção do termo, mas apenas um Estado-fantasma, um que, embora tivesse uma infraestrutura nacional, carecia da autodeterminação que constitui a essência da condição de nação soberana. No modelo tradicional de criação de Estados, a economia e a infraestrutura do Estado moderno são montadas depois que o processo de autodeterminação tenha gerado a integração política. No modelo de Estado-fantasma estabelecido pela OLP e adotado agora pelo Estado Islâmico, a constituição da economia e da infraestrutura precedem a conquista do reconhecimento político. A autodeterminação permanece então uma ilusão fugidia, uma contingência. Mas não, tal como veremos, nas intenções do EI.

A Versão Moderna da Guerra por Procuração

Durante a Guerra Fria, Estados-fantasmas surgiam, quase sempre, como resultado de conflitos bélicos por procuração. Em outras palavras,

Estados soberanos patrocinavam entidades não estatais para travarem guerras em seu lugar, e algumas dessas organizações armadas acabaram seguindo o exemplo da OLP para alcançar a independência econômica e criar suas próprias infraestruturas nacionais. Desde 2011, vem ocorrendo uma transformação semelhante no interior das regiões da Síria e do Iraque devastadas pela guerra. Assim como, durante a Guerra Fria, Arafat usou doações de patrocinadores árabes como capital inicial para criar a pujante independência financeira da OLP nos Territórios Ocupados, Abu Bakr al-Baghdadi também explorou financeiramente países árabes patrocinadores seus na busca de uma mudança de regime na Síria para criar o baluarte econômico de seu grupo. Hoje em dia, a diferença está na existência de uma vasta gama de Estados patrocinadores com que os grupos que combatem por procuração podem contar e na incompatibilidade dos interesses dos financiadores.

Na Síria, tem sido relativamente fácil para qualquer grupo jihadista escolher um patrocinador em meio a uma grande oferta de financiadores — ou seja, basta que saiam às compras em busca de seu financista favorito, por assim dizer. Já durante a Guerra Fria, futuros patrocinados tinham apenas duas opções, ou seja, uma das duas superpotências. Com o advento de um mundo multipolar, a oferta de patrocinadores de conflitos bélicos aumentou muito e, como consequência disso, o mercado da guerra por procuração transformou-se numa espécie de casa de apostas. Quando, em 2010, al-Baghdadi saiu em busca de patrocinadores, os kuaitianos, os catarianos e os sauditas se ofereceram para financiá-lo e, com isso, acabaram proporcionando indiretamente ao EI acesso a equipamento militar do Ocidente — um luxo de que Arafat jamais pôde desfrutar.[36]

Algo que não mudou foi a dificuldade cada vez maior que as ações desses patrocinados mandatários de guerras impõem à busca de soluções pacíficas de conflitos. É o que acontece, principalmente, no caso das modernas guerras por procuração, sobretudo por causa dos absurdos e paradoxais conflitos de interesse entre patrocinadores. Na Síria, o Irã tem apoiado o regime de Bashar al-Assad, principalmente por intermédio de seu aliado no Líbano, o grupo Hezbollah, enquanto os sauditas, os kuaitianos e os catarianos vêm financiando uma ampla gama de grupos insurgentes sunitas, entre os quais, outrora, o EIIL, para minar o poder iraniano na região. O Hezbollah, por sua vez, vem armando e financiando o Hamas no conflito palestino, embora o Hamas seja constituído predominantemente por sunitas e, historicamente, tem sido financiado pela Arábia Saudita.[37] No verão de 2014, o Hamas usou tanto aviões teleguiados ("drones") iranianos (alegando que foram produzidos em Gaza) quanto mísseis de longo alcance fabricados pelo sírios (provavelmente, fornecidos pelo Estado Islâmico) para atacar Israel.

Para piorar a situação, a Rússia anda fornecendo armas ao governo de Assad, ao passo que Washington está armando rebeldes sírios que combatem o regime de Assad com armas que, talvez por ironia do destino, o EI confisca após cada vitória. Em abril de 2014, a revista *Time* noticiou: "Agora, combatentes sírios estão usando armas antitanque contra Assad fabricadas pelos Estados Unidos. Especialistas afirmam que é provável que essas armas acabaram parando na Síria sem a aprovação dos americanos."[38] Depois, em 10 de setembro de 2014, o presidente Obama anunciou, num pronunciamento à nação, que os Estados Unidos iriam bombardear alvos do Estado Islâmico na Síria, ao que Damasco, com o apoio de Moscou, respondeu que, sem a aprovação e a permissão [do governo sírio], esse tipo de ação seria uma agressão. Na moderna guerra por procuração, alianças nunca são claras e podem mudar da noite para o dia.

O terreno diplomático em que todos esses protagonistas se movimentam muda constantemente também, às vezes com consequências absurdas. Em agosto de 2014, por exemplo, militantes do Partido dos Trabalhadores do Curdistão (PKK, na sigla em curdo) partiram em auxílio dos Peshmerga, em sua luta contra o Estado Islâmico, que estava avançando na região autônoma do Norte do Iraque. Enquanto isso, os Estados Unidos realizaram ataques aéreos para ajudar os Peshmerga. O curioso resultado dessas ações foi que houve uma *efetiva* cooperação entre o PKK e os EUA, embora o PKK continue na lista oficial de terroristas mantida pelos americanos. Outra situação interessante é que os europeus concordaram em armar o exército do Curdistão, mas também, rigorosamente falando, continuam a combater o PKK. E porque a Turquia faz parte da grande coalizão organizada por Obama para derrotar o Estado Islâmico, o PKK e Ancara, inimigos históricos, estão do mesmo lado agora.[39]

No fim do verão de 2014, os Estados Unidos formaram uma grande coalizão com países da OTAN para combater o EI. Isso pode dar a impressão de que o Estado Islâmico está unindo antigos e novos inimigos e que a era das alianças irracionais havia chegado ao fim. Não é o caso. Tanto que, em meados de setembro de 2014, por exemplo, Irã e Síria, os dois maiores países do Oriente Médio que adotam a xariá, não foram convidados para participar da Conferência de Paris, aparentemente porque a Arábia Saudita e o Qatar tinham vetado a participação deles. Os participantes da coalizão e da conferência não apresentaram nenhuma nova estratégia para enfrentar os problemas na região e o encontro acabou servindo como mais uma oportunidade para uma fotografia em grupo de líderes mundiais. Aliás, nenhum dos países membros da OTAN ou das nações árabes concordou oficialmente em enviar soldados para combater o Estado Islâmico. Ao contrário, eles continuarão a participar do conflito por procuração e a buscar a consecução de seus interesses. O incrível é que a grande coalizão, em vez de interromper esse processo, corre o risco de acrescentar mais países ricos à longa lista de patrocinadores de guerras.

Até mesmo o governo de Assad usa grupos de mercenários para combater os rebeldes e os jihadistas e reprimir a população local. Combatentes iranianos e do Hezbollah é que foram utilizados na Síria, em vez dos integrantes do corrupto exército sírio. "Em março de 2012, morei no Sul do Líbano", relata Francesca Borri. "Toda semana, corpos de militantes do Hezbollah [mortos] na Síria eram levados de volta [ao Líbano] para serem enterrados."[40]

Numa situação como essa, al-Baghdadi pode continuar a se aproveitar malandramente dos paradoxos políticos das modernas guerras por procuração. Tanto é assim que, até agora, demonstrando uma notável compreensão dos anseios e visões de seus financiadores, tem explorado a proliferação de pequenos grupos jihadistas e de rebeldes para ampliar sua organização, tanto por meio de fusões quanto com vitórias militares contra grupos sunitas rivais. "Em Alepo e na Síria, combatentes mudam frequentemente de uma facção para outra", explica um ex-rebelde sírio que fugiu pela Turquia. "Muitos se sentiam atraídos pelo EIIL porque ele era mais bem-organizado, mais eficiente do que os outros. Seus combatentes pareciam bem-treinados. É necessário entender que a maioria das pessoas que participam dessa guerra não tem a mínima ideia de técnicas de combate — elas são crianças, da Síria e de todas as partes do mundo. Os estrangeiros, principalmente, ficam entusiasmados com a ideia de irem para a guerra. Mas eles não sabem nem mesmo manejar uma arma. Como, entre todos esses grupos, o Estado Islâmico é o que projeta a imagem de grupo mais profissional, as pessoas acreditam que vão ser treinadas. Além disso, ele parece determinado a conquistar o controle dos alvos escolhidos. Ora, se você quer combater, é melhor unir-se aos melhores."[41]

Entre 2011 e 2014, apostando numa intervenção não internacional na Síria, al-Baghdadi criou seu principal bastião territorial nesse país, e o curioso é que usando o dinheiro de seus patrocinadores árabes e atacando e conquistando posições rebeldes rivais. Como previu um conflito de longo prazo na Síria, ele procurou conquistar o controle de vastos setores do mercado de armas nesse país.

Está claro que a exitosa exploração que o Estado Islâmico faz das modernas guerras por procuração no Oriente Médio provém das contradições desse tipo de conflito num mundo multipolar do pós-Guerra Fria. É improvável que isso mude com a criação de uma grande coalizão, como ficou provado no caso da exclusão do Irã, um importante patrocinador do governo de Assad, e a falta de uma estratégia unificada. Aliás, essas contradições explicam as dificuldades que, desde 2011, os Estados Unidos encontraram em sua tentativa de organizar um tipo de aliança qualquer de forças militares na região para enfrentar o problema de mudança de regime em Damasco e, mais recentemente, a ameaça representada pelo Califado. Tal como veremos no último capítulo, a grande coalizão não resolveu as contradições de política externa que impedem a consecução de toda solução frutífera dos problemas do Oriente Médio.

Uma coisa que o Ocidente está desconsiderando, tanto por ignorância quanto por conveniência, é a anarquia em que um numeroso grupo de financiadores de guerras por procuração mergulhou o Norte da Síria. "A sociedade desmoronou. Os que tinham condições fugiram e os que permaneceram são pobres ou velhos demais para partir", explica ainda Francesca Borri, durante muito tempo a única jornalista do Ocidente em Alepo. "Aquilo que temos no Norte da Síria não é mais o que tínhamos antes do início da guerra civil, mas algo diferente, que não representa nem um pouco o que a população da Síria era. Os que exploram a população são grupos criminosos, responsáveis também pela maioria dos sequestros de cidadãos do Ocidente, a maior parte deles de jornalistas e trabalhadores de organizações de ajuda humanitária."[42] Essa situação é semelhante à que deparamos em regiões do mundo em que a autoridade do Estado, quase sempre de natureza autoritária, sucumbiu, criando um vácuo político que organizações armadas sectaristas preenchem com atos de violência. Nesse ambiente anárquico, a sociedade deixou de existir, substituída que fora por guerras perenes e de ações medievais. "Dentro e fora de Alepo, comandantes militares são a autoridade suprema, e tal é o caso também do Estado Islâmico", explica Borri. "A lealdade absoluta dos combatentes é consagrada ao seu comandante, e não aos líderes da organização." Contudo, ao contrário de outros grupos, o Califado conta com uma estrutura militar hierárquica e administrativa que, embora rudimentar, reduz o perigo de seus batalhões degenerarem em milícias ou grupos criminosos.

Assim como na Nigéria, no Sahel ou no Afeganistão, reféns são mercadorias preciosas e, tal como no Líbano na década de 1990, negociadas várias vezes num mercado infestado de criminosos e grupos terroristas. A facilidade com que jornalistas são sequestrados confirma a natureza religioso-sectarista, medieval, do conflito na Síria. "A maioria dos colegas que foram sequestrados estava viajando com motoristas e guarda-costas fornecidos por um dos muitos grupos rebeldes, e eles foram sequestrados em barreiras rodoviárias [montadas] por grupos rebeldes em trânsito por uma zona altamente fragmentada", explica ainda Borri. "Tive sorte porque me socorri de proteção da Al-Qaeda e viajei dentro de uma região controlada, na época, pelo EIIL. Além disso, uso disfarce. Fingi que era uma refugiada síria. Não levei nem caneta comigo e me mantive coberta da cabeça aos pés."

Na maioria dos casos, os patrocinadores envolvidos nesse negócio abominável usam o dinheiro do pagamento de resgates para ocultar seu patrocínio. Parece o caso dos 20 milhões de dólares de resgate que o Qatar pagou à al-Nusra para libertar quarenta e cinco soldados das Nações Unidas mantidos em cativeiro nas ilhas Fiji, que tinham sido sequestrados nas colinas de Golã.[43]

De acordo com a opinião pública mundial, a sociedade global parece indisposta a aprovar qualquer intervenção semelhante à realizada na Líbia. O fiasco da guerra empreendida por Bush e Blair no Iraque provou que intervenções militares não são a melhor solução para levar a paz ao Oriente Médio. Ao contrário, elas podem criar monstros como o Estado Islâmico.

O Estado Islâmico dá sinais de que compreende com notável perfeição a frustração da sociedade ocidental quando ela encara a problemática situação no Oriente Médio. Os vídeos do jornalista britânico sequestrado John Cantlie[44] objetivam denunciar a utilização de algo como uma espécie de um peso e duas medidas pelos governos das nações ocidentais quando lidam com o problema de pessoas sequestradas. Afinal, quando todos os outros governos negociam com os sequestradores, os americanos e os britânicos se recusam a fazer isso. Al-Baghdadi e seus sectários parecem muitos cientes das idiossincrasias dos responsáveis pela ordem mundial atual, muito diferentes das reinantes na Guerra Fria, e sua forma de conseguir vingar-se de um inimigo militarmente superior é evidenciar suas falhas e deslizes à sociedade mundial. Eles sabem também que os efeitos da guerra por procuração travada na Síria e no Iraque se voltarão contra seus próprios financiadores, enfraquecendo os países destes quando isso acontecer. Atualmente, potências ocidentais e árabes parecem inconscientes da eventual eclosão desses acontecimentos.

Privatizando o Terrorismo

Por incrível que pareça, a maior prova de que a guerra por procuração é um obsoleto instrumento de criação de Estados nacionais está nos sucessos do Estado Islâmico. Ao contrário de outros grupos religioso-sectaristas mercenários empenhados em derrubar o governo de Assad, em Damasco, os guerrilheiros de Al-Baghdadi conseguiram criar um bastião territorial na Síria e agora no Iraque também. É o que podemos ver pelo relato de um ex-fuzileiro naval americano publicado na *New Yorker*: "Minha visita coincidiu com o dia em que o EIIL tomou a cidade de Azaz das mãos da Brigada de Assalto Setentrional do Exército Livre da Síria [...] Considerando isso, pareceu-me inegável que o EIIL, embora tido como um grupo rebelde na guerra civil síria, não considerava a derrubada do governo de Assad seu principal objetivo. Se considerasse, não teria desperdiçado recursos capturando Azaz, uma cidade controlada pelos rebeldes desde março de 2012. A guerra do EIIL não fazia parte da revolução. Era um esforço de conquista com objetivos próprios."[45]

A chave do sucesso do EI tem sido a velocidade com que a organização privatizou o terrorismo, em comparação com outros grupos, tais como a OLP ou o IRA. O EI conseguiu independência financeira de seus patrocinadores com uma rapidez impressionante, já que não teve que enfrentar quase nenhuma oposição quando empreendeu seu processo de transição econômica. A verdade é que os financiadores do EI têm ficado impotentes, visto que não conseguem achar um representante guerreiro forte o suficiente para enfrentar a organização. A proliferação de grupos rebeldes mercenários foi como um tiro pela culatra, gerando uma número imenso de organizações armadas pequenas e fracas. Em meio a essa frente de grupos rebeldes e jihadistas tão fracionada, foi fácil para o Estado Islâmico do Iraque e da Síria empreender sua própria guerra de conquista e tomar, em poucos anos, regiões estratégicas ricas em recursos naturais, tais como os campos de petróleo do Leste da Síria, quase sempre nas mãos de grupos rebeldes menores, milícias e chefes guerreiros.

Outra coisa que contribuiu também para a independência do EI foram as inteligentes alianças de al-Baghdadi com tribos sunitas locais para explorar esses recursos. Num trabalho conjunto, eles providenciaram a extração e o contrabando de petróleo, parte do qual foi vendida até ao próprio governo sírio. Com essa linha de ação, al-Baghdadi evitou toda oposição da parte da população local e projetou na mente de seus cidadãos a imagem de um poder mais honesto e justo do que o governo de Assad. Politicamente, sua habilidade em cooperar com os líderes locais, em incorporá-los ao Califado como parceiros, e não na condição de integrantes de uma população conquistada, mas como cidadãos de um Estado moderno, permitiu que o Estado Islâmico tivesse um crescimento estupendo no conceito de militantes e prestigiasse sua promessa política de recriar o Califado. Nesse estado de coisas, seria um erro considerar os bastiões territoriais do EI simples bases militares. Na verdade, eles representam os imprescindíveis pilares de um Estado islâmico moderno em busca de legitimidade, por meio do consenso e da aprovação da população local, das mesmas regiões que ele ocupou com sua guerra de conquista.

Embora, tradicionalmente, Estados-fantasmas controlados por grupos armados tenham rejeitado a participação de autoridades locais, o Estado Islâmico foi pioneiro nessa estratégia antes mesmo que al-Baghdadi fosse eleito califa. Em seu avanço para Bagdá, no verão de 2014, o EI realizou um ataque contra a refinaria de petróleo de Baiji, a maior do país. Ao mesmo tempo, mobilizou-se para atacar a represa de

Haditha, no rio Eufrates, no Norte do Iraque, bem como trechos do oleoduto que transporta 600 mil barris de petróleo por dia para a Turquia, o qual, até o dia em que escrevo estas linhas, não operava desde março de 2014. Tal como na Síria, a administração desses recursos foi compartilhada no Iraque com as comunidades sunitas locais, tribos que vinham sofrendo discriminações e opressões do governo. Essa tática serviu não apenas para evitar a oposição dessas pessoas, mas também para conquistar o apoio e a cooperação delas.

Em todas essas relações com as tribos sunitas do Iraque, al-Baghdadi lançou mão de estratégias de diplomacia admiravelmente modernas para conquistar o apoio delas. Em Anbar, ele evitou trazer à baila as más recordações dos ataques da Al-Qaeda contra os participantes do movimento Despertar Sunita. "Os combatentes do grupo de al-Baghdadi não fizeram nenhum mal aos religiosos, às tribos de Anbar, incluindo os que compunham as forças de Sahwa, e nem mesmo aos membros da polícia. Quando as tribos se recusaram a levantar e hastear bandeiras do EIIL em Falluja, ele ordenou que seus combatentes não brandissem a bandeira da organização nem tentassem cooptar os combatentes de grupos armados, clãs ou religiosos [...] No entanto, militantes agitaram a bandeira do grupo em certas ocasiões, tais como no dia em que o EIIL sequestrou e matou alguns soldados iraquianos na região de Albu Bali, na parte norte de Falluja, em meados de janeiro desse ano. Mais uma vez, as políticas de conciliação de Baghdadi em Anbar revelaram um pragmatismo que não existia nos líderes anteriores da Al-Qaeda."[46]

A disposição de al-Baghdadi para fomentar essas alianças com tribos sunitas locais é parte de sua estratégia para acelerar o processo de independência de seus patrocinadores. Não se conquista a independência financeira, porém, exclusivamente pelo desejo de romper vínculos com patrocinadores estrangeiros. Ao contrário, a privatização do terrorismo proporciona ao EI instrumentos para garantir a lealdade de seus combatentes. Em outras palavras, al-Baghdadi buscou a independência financeira como forma de vacinar suas forças contra o vírus da corrupção. A corrupção tem sido a causa da ruína de muitas organizações armadas e de todos os governos árabes, sem exceção. E sabe-se muito bem que, na mesma proporção, o patrocínio de financistas de conflitos e de guerras fomenta a cultura do suborno.

Temos esse tipo de lição da história no caso da derrocada de Arafat, consequente da engorda dos cofres da OLP. Na época em que a OLP chegou a administrar uma verdadeira fortuna de orçamento anual, oscilando entre 8 e 12 bilhões de dólares, a estrutura e a liderança da organização se achavam totalmente comprometidas. Subornos e corrupções geradas por uma cultura política de patrocínio de militâncias representou para a gleba de suas atividades uma praga da qual o grupo nunca conseguiu se livrar totalmente.[47]

Criando o Primeiro Estado-Fantasma Islamista na Síria

Enquanto prosseguia na privatização de suas atividades terroristas, o Estado Islâmico descobriu que o modelo de Estado-fantasma era um instrumento perfeito para alcançar a ambiciosa meta de criar o Califado. Um Estado-fantasma pode ser pequenino como um subúrbio qualquer ou grande como um verdadeiro Estado. A criação e administração de um Estado-fantasma é simples, pois, geralmente, não existe nele a unificação política. O terreno ideal para construí-lo encontra-se em enclaves territoriais assolados por guerras, onde toda a infraestrutura ruiu e a autoridade política desapareceu. Nessa empreitada, os conquistadores monopolizam o poder político e precisam buscar o consenso e a cooperação democrática dos povos subjugados. Portanto, no processo de montagem do Estado-fantasma, as premências da economia prevalecem sobre a organização política. E o Estado-fantasma tem a vantagem adicional de demandar poucos recursos financeiros para ser administrado, pois sua esfera econômica está limitada à economia de guerra e à privatização de ações terroristas. Despesas com coisas fora da esfera militar são mínimas e é necessário fornecer à população apenas o suficiente para satisfazer suas necessidades fundamentais.

No modelo de Estado-fantasma tradicional, a guerra é a única fonte de renda. "A guerra é o nosso estilo de vida", declarou um guerrilheiro da Aliança do Norte oriundo da planície de Shomali, no Afeganistão. Por conta disso, em comparação com o restante da população, esses combatentes recebem altos salários.[48] Em flagrante contraste com essa situação, a economia do Califado não depende exclusivamente da economia de guerra de conquista, tampouco seus jihadistas são semi-mercenários que lutam motivados por altos salários. Aliás, apesar da necessidade de assegurar a lealdade de seus combatentes, o Estado Islâmico paga a eles um salário menor do que aquele que o operário comum ganha na Síria ou no Iraque. Outrora secretos, documentos não mais censurados revelam que, durante o tempo em que o Ministério da Defesa manteve registros dessa contabilidade, "o soldado de infantaria comum do Estado Islâmico recebia um salário-base de apenas 41 dólares mensais, bem menor do que o recebido por operários iraquianos, como o de pedreiro, que ganhava 150 dólares por mês. Tal como especialistas em antiterrorismo desconfiavam desde muito tempo, os membros de um grupo como o Estado Islâmico são tão fanaticamente movidos por ideologia que é improvável que incentivos econômicos para conter a incorporação de novos combatentes gerem resultados expressivos."[49]

A FÊNIX ISLAMISTA **59**

Embora o exército do Estado Islâmico não seja precipuamente movido pela obtenção de vantagens financeiras, com certeza é impulsionado por uma causa maior: a meta de criação do Califado moderno, um Estado muçulmano ideal, capaz de tudo transcender, incluindo a conquista da graça da riqueza pessoal. Esse tipo de construção política deveria ser considerado um sinal de modernidade no Oriente Médio, uma região em que a formação de nações tem sido, há séculos, o esporte favorito de potências estrangeiras em busca da satisfação de seus próprios interesses, com a ajuda de elites locais corruptas.

Embora a guerra de conquista de al-Baghdadi no Oriente Médio nos faça compará-la a conflitos medievais, a disciplina e os ideais do Califado representam um passo adiante na direção da criação de um Estado real, diferente do Estado-fantasma do Talibã, no Afeganistão, ou das FARC, na Colômbia, cujos objetivos são, principalmente, explorar, financeiramente ou por outros motivos, a população local. Os guerreiros do Estado Islâmico representam ademais um avanço em comparação com os jihadistas de al-Zarqawi, todos eles potenciais homens-bomba, ávidos por se tornarem mártires e levarem uma vida de gozos eternos na companhia de setenta e duas virgens. Conquanto os homens de al-Baghdadi estejam dispostos a morrer pelo Califado, seu sonho, em contrapartida, é positivo e moderno: eles querem vivenciar as delícias do Califado aqui mesmo, na Terra, e não no Além. Como no caso dos judeus sionistas, em Israel, a recriação de um Estado islâmico forte, na terra de seus ancestrais, representa a libertação nesta vida mesmo para alguns muçulmanos. A mensagem da organização é eficaz e objetiva, dirigida a uma população que está pronta para ouvi-la.

Buscando Aprovação e Solidariedade da População no Estado-Fantasma

Embora pareça um tanto paradoxal, o fato é que, no Estado-fantasma, o apoio da população é tão importante para al-Baghdadi quanto a lealdade de seus guerrilheiros. Conforme provado pela Revolução Iraniana, o divino direito, por si só, não basta para garantir o funcionamento do Estado. Tampouco pode o Califado transformar-se numa prisão gigantesca, como aconteceu com o Afeganistão controlado pelo Talibã. Ao contrário do Talibã, cujos membros se comportavam como uma casta superior e oprimiam e exploravam a população afegã local, al-Baghdadi objetiva criar um Estado moderno, com a total aprovação solidária dos governados, ainda que, nele, o exercício da cidadania em si seja limitado por sectarismo religioso e não inclua a participação ativa de mulheres. Fundamental para a consolidação dessa cooperação é o fornecimento de programas sociais. Conforme reportado pela *The Atlantic*: "[Na Síria e no Iraque,] o EI ajuda a administrar padarias e fornece frutas e verduras a muitas famílias, [com seus membros] distribuindo os produtos pessoalmente. Em Raqqa, o EIIL criou uma cozinha comunitária gratuita para alimentar os necessitados e uma agência de adoção de órfãos para ajudar a encaixá-los no seio de famílias. Os militantes do EI desenvolveram programas de saúde e bem-estar nos enclaves sob seu controle, usando os próprios recursos financeiros da organização. Talvez o Talibã sinta pavor e desconfiança de campanhas de vacinação, mas o EI realiza campanhas de vacinação contra a poliomielite para deter a disseminação da doença." Programas sociais[50] são, portanto, o outro lado da moeda da bárbara ditadura religioso-sectarista do Estado Islâmico.[51]

É importante acentuar também que os que realizam trabalho de ajuda humanitária são pessoas diferentes dos guerrilheiros. "Saber discernir entre militantes civis e militantes combatentes é fundamental. São coisas totalmente diferentes", adverte Michael Przedlacki.[52] Tanto que, se julgarem necessário, os guerrilheiros tomam medidas opressivas e punitivas contra a população local, ao passo que os militantes civis a protegem. No Califado, a distinção entre esses dois tipos de militantes é organizada de modo que se tenha o máximo de eficiência possível na administração do Estado-fantasma.

Além disso, o fornecimento de programas sociais é fruto da estratégia econômica do EI. O fato não é nem um pouco incidental. Porquanto, antes mesmo de combatentes do EI, literalmente falando, terem assolado com tratores trechos da fronteira da Síria com o Iraque para anunciar o nascimento do Califado, os recursos financeiros da organização eram abundantes. Por exemplo, faz mais de um ano que o grupo vem operando um lucrativo negócio de contrabando ao longo das fronteiras da Turquia e da Síria,[53] chegando mesmo a tomar uma parcela da ajuda humanitária destinada à Síria em trânsito pela região. Graças ao inteligente programa de medidas executado durante os três anos de privatização do terrorismo, hoje o Estado Islâmico não precisa oprimir e coagir a população local, como o fazem outros grupos com os seus tutelados. Ainda segundo matéria da *The Atlantic*, quando o EI se apossou de 425 milhões de dólares do Banco Central de Mossul, esses recursos foram destinados a custear não apenas ajuda militar, mas também "a campanha do grupo para conquistar mentes e corações".[54] Esses acontecimentos demonstram o uso integrado dos recursos financeiros do grupo armado, do Estado Islâmico e de seu Estado-fantasma, o Califado.

A combinação e o emprego conjugado do recursos financeiros do EI com os recursos do Estado-fantasma e os de suas parcerias comerciais com tribos locais prova também o compromisso da organização com a criação de uma nação e demonstra a aplicação, pelo grupo, de alguns dos princípios administrativos básicos do moderno Estado nacional. Por fim, o redirecionamento de riquezas no Estado-fantasma não apenas fortalece o Califado, mas também consolida a aprovação e a cooperação da população.

A província de al-Raqqa, na Síria, onde fica o quartel-general do Califado, proporciona vários exemplos de obras públicas financiadas com os lucros gerados pela privatização do terrorismo, tais como a conclusão da construção de um novo *souk*, ou mercado público, acolhido com muita satisfação pela população. O Estado Islâmico também "administra uma empresa de fornecimento de energia que monitora os níveis de uso de eletricidade, instala linhas de transmissão e organiza oficinas para ensinar a consertar as antigas. Os militantes reparam vias esburacadas, transportam de ônibus moradores entre os territórios controlados por eles, restauram canteiros centrais para tornar estradas mais agradáveis esteticamente e operam um serviço de correios e uma *zakat* (agência de caridade mantida com tributo religioso), a qual o grupo alega que tem ajudado fazendeiros em suas colheitas. O EI manteve operante, ademais, a Represa de Tishrin (cujo nome mudaram para al-Faruq), no rio Eufrates, de suma importância para os ribeirinhos. Com todas essas agências e departamentos, o EI consegue proporcionar um simulacro de estabilidade em regiões instáveis e abandonadas pelo governo, ainda que muitos de seus habitantes não gostem de seu programa ideológico".[55] A busca desse tipo de estabilidade pelo domínio de uma organização armada não é incomum em regiões que têm sofrido longos períodos de conflitos. Por exemplo, em 1998, o governo colombiano desmilitarizou uma região do tamanho da Suíça, abrangendo os municípios de San Vicente del Caguán, La Macarena, Vista Hermosa, Mesetas e Uribe. A região, que ficou conhecida como Despeje, foi dada às FARC, a organização armada marxista, como gesto de boa vontade na tentativa de se conseguir um desfecho pacífico na guerra civil do país. Nessa região, as FARC realizaram programas sociais e obras públicas. A organização construiu e pavimentou novas estradas e melhorou as condições de vida das áreas comunitárias da cidade, utilizando trabalho forçado. Com isso, proporcionou segurança ao povo, um luxo que ele não via desde longa data.[56] Todavia, nenhum dos Estados-fantasmas criados por organizações armadas conseguiu completar seu processo de transição para sua consolidação como Estado legítimo.

Tal como veremos no próximo capítulo, o Estado Islâmico acredita que esse objetivo poderia ser alcançado incluindo autoridades e populações locais na construção política do Califado.

Capítulo 3

O Paradoxo da Nova Roma

Em junho de 2014, dois dias antes do início do mês sagrado do Ramadã, o EIIL emitiu um comunicado, dirigido ao público muçulmano do mundo inteiro, anunciando a criação do Califado. "Sacudam a poeira da humilhação e da desonra", disse o porta-voz, acrescentando, de acordo com as palavras do jornalista Jeremy Bowen, "um novo Califado nascerá dos escombros do caos, da confusão e do desespero do Oriente Médio contemporâneo".[57]

No dia seguinte, o Estado Islâmico publicou na internet um vídeo estiloso com um combatente barbado do Chile, chamado Abu Safiyya, mostrando um posto da fronteira da Síria com o Iraque demolido. Intitulado "O Fim do Sykes-Picot",[58] o vídeo anunciava a iminente eliminação, pelas mãos do Estado Islâmico, de duas instituições políticas criadas por britânicos e franceses em 1916, ou seja, a Síria e o Iraque. Estrelado por um muçulmano chileno, o vídeo transmitia à Umma, a comunidade global dos muçulmanos, uma imagem do Estado Islâmico ao mesmo tempo cosmopolita e real, de organização com objetivos de alcance mundial.

Com a ajuda de tecnologia moderna e utilizando-se de canais de redes sociais, portanto, o Estado Islâmico tenta passar uma imagem política moderna de si mesmo, uma imagem positiva em flagrante contraste com as de democracias ocidentais ou de governos muçulmanos "inspirados no Ocidente", decadentes e precariamente funcionais, segundo eles. "Vejam o Egito. Vejam como tudo terminou lá para os muçulmanos que votaram em Mohammed Morsi [presidente deposto] e acreditaram na democracia de vocês, em suas mentiras. A democracia não existe. Vocês acham que são livres?", escarneceu um membro do Estado Islâmico. "O Ocidente é governado por bancos, e não por parlamentares, e vocês sabem disso. Sabem que vocês não passam de peças de um jogo, mas o fato é que vocês não têm coragem. Pensam em si mesmos, no emprego, na casa [...] porque sabem que não têm poder. Contudo, felizmente, a jihad começou. O Islã os alcançará e os libertará."[59]

Com sua proclamação de um novo Califado, o Estado Islâmico está tentando propor uma imagem política moderna de si mesmo semelhante à que os primeiros sionistas procuraram transmitir, embora o conceito de democracia não seja tão valorizado pelo EI quanto o foi pelos fundadores de Israel. Na década de 1940, os judeus de diferentes partes do mundo uniram-se numa luta contra o domínio dos britânicos sobre seu antigo território, uma terra ancestral a eles "dada por Deus", onde poderiam buscar sua libertação mais uma vez. Assim como, para os judeus, a antiga Israel sempre foi a Terra Prometida, o Califado representa para os muçulmanos o Estado ideal, a nação perfeita, por meio da qual conseguirão sua libertação após séculos de humilhação, opressão racista e derrotas nas mãos dos infiéis, ou seja, das potências estrangeiras e seus aliados muçulmanos. Assim como os judeus modernos construíram uma versão contemporânea da antiga Israel para todos os judeus do mundo, o Estado islâmico está empenhado também na construção de um país Islâmico funcional para todos os sunitas no século 21. Pelo menos é isso o que sua propaganda nos diz.

Conquanto possa parecer absurdo e repugnante comparar o comportamento bárbaro de membros do Estado Islâmico com a conduta dos fundadores de Israel, é essa forma de luta que os seguidores e simpatizantes entendem necessária para a construção do Califado. E essa mensagem é especialmente eficaz nos dias atuais, em meio ao descalabro da política do Oriente Médio. Aliás, a guerra no Iraque e na Síria está funcionando como um catalizador, disseminando a crença de que a solução de todos os problemas políticos do Oriente Médio jaz no renascimento hodierno do Califado.

Independentemente da violência de que o Estado Islâmico se utiliza para reconstruir essa instituição e apesar disso, a natureza cosmopolita e transcendente do Califado contemporâneo é tão sedutoramente poderosa para os sunitas quanto suas lembranças coletivas do Califado original. Há décadas que islamitas e eruditos islâmicos asseveram que a grandeza e o esplendor do Califado, desse paraíso na Terra, será restaurado. "A restauração do Califado é um sonho dos pregadores da revivescência islâmica desde pelo menos a década de 1950, quando a organização Hizb ut-Tahrir começou a apregoar seu renascimento. O líder talibã mulá Mohammed Omar chegou a ponto de se atribuir um dos tradicionais títulos do Califado, o de emir al-Mu'minin, ou o 'comandante dos fiéis'. A restauração do Califado era citada com frequência por Osama bin Laden como o maior de seus objetivos."[60] Mas nenhum desses homens chegou sequer perto de sua concretização e, para eles, o Califado continuou a ser nada mais que um lindo sonho impossível.

Abu Bakr al-Baghdadi é o primeiro líder islâmico, desde o 31º Califa, Abdülmecid I (1823-61), a reivindicar esse título e a buscar a materialização da nostalgia de um mundo perdido, uma sociedade associada com o período áureo do Islã, quando, sob a liderança dos primeiros quatro califas, sucessores do profeta, o Islã se expandiu territorialmente e prosperou culturalmente.[61]

Imersos nessas circunstâncias, é fácil entendermos por que gerações de sunitas radicais têm sonhado com a ocasião em que as fronteiras arábicas do século 21 traçadas pelas potências europeias sejam apagadas. E foi o Estado Islâmico, e não a Al-Qaeda, que começou a concretizar esse sonho.

O Instrumento de Disseminação da Violência

A história de poder de um povo, senhor de um passado esplendoroso, combinada com um destino ligado a uma terra prometida, um território escolhido por Deus para seu povo, alimenta um sentimento de nostalgia fascinante. Vimos isso no processo de formação do Estado de Israel e na revolução liderada por Khomeini em 1978, na antiga Pérsia. Nas asas da violência, a Revolução Iraniana trouxe o passado para o presente e o projetou num futuro alado pela esperança de um esplendor ainda maior.[62]

A recauchutagem de um passado religioso intemporal com o arcabouço de instituições modernas parece uma característica recorrente em nossa época — vejam o exemplo de Israel e do Irã. Uma vez que se tenta ressuscitar a glória do passado com a bandeira da violência — de revoluções, guerras civis, terrorismo e guerras de conquista —, é difícil para seus agentes se desvincularem da pura brutalidade do processo até que ele percorra todas as suas fases. Foi o caso da ação dos grupos sionistas armados na década de 1940 e da militância dos guardas revolucionários da revolução de Khomeini. Em outras palavras, tudo que vemos são os meios violentos para reformar o presente com métodos do passado, de tal forma que, quase sempre, não percebemos o verdadeiro objetivo de um esforço como esse.

Embora seja, nesses casos, um componente fundamental na restauração do passado, a violência é apenas um meio para se alcançar um fim. É uma estratégia destinada a aterrorizar, a incutir medo no inimigo para compensar a desvantagem numa guerra travada contra exércitos bem-equipados, como o exército persa em 1978 ou o exército britânico na Palestina, na década de 1940.

Ao contrário do que os veículos de comunicação do Ocidente têm divulgado, o Califado não é mais violento e bárbaro do que nenhuma das organizações armadas do passado recente. No Kosovo, nos anos de 1990, por exemplo, foram cometidas atrocidades semelhantes, incluindo a decapitação de crianças para se jogar futebol com suas cabeças na frente de seus pais.[63] O que diferencia o Estado Islâmico das demais organizações é o uso que ele faz da tecnologia para divulgar barbaridades dessa espécie e promover a própria causa, associando suas produções midiáticas ao noticiário mundial. Na véspera do início da Copa do Mundo de 2014, por exemplo, o EI divulgou pelo Twitter uma partida de futebol disputada por seus membros em que as "bolas" usadas por eles eram as cabeças decepadas de seus opositores.[64]

Hoje em dia, a tecnologia proporciona a organizações armadas contemporâneas a possibilidade de utilizar-se da propaganda da violência com mais eficiência e de forma inovadora. Por exemplo, enquanto, por um lado, os sérvios não puderam fazer uma ampla divulgação das demonstrações de suas atrocidades, o vídeo mostrando a decapitação de James Foley espalhou-se com imensa rapidez pelo mundo. A mensagem de medo foi estendida a um público global, em vez de ficar restrita a uma audiência local. No passado, a inexistência de redes sociais e a preferência dos veículos de comunicação e anunciantes de utilizar cenas de guerra incruentas e censuradas nos protegeu da exposição às ações e aos crimes terríveis perpetrados no Kosovo. Hoje, as atrocidades do Estado Islâmico chegam até nós instantaneamente pelas redes sociais e são retransmitidas pelos principais veículos de comunicação, que vivem em eterna competição com os concorrentes pela primazia na busca dos últimos acontecimentos divulgados pelo Facebook, YouTube e outros sites. Mesmo quando se tenta submeter a informação a algum tipo de censura, como foi o caso da decapitação de Foley, as redes sociais a ludibriam facilmente.

A tecnologia não modifica nem amplia a natureza das mensagens violentas divulgadas pelas organizações armadas. Seu conteúdo propagandístico continua sendo, portanto, o de disseminar o medo entre inimigos e fazer proselitismo entre possíveis seguidores. "Como eu me senti quando vi aqueles caras jogando futebol com as cabeças de soldados e policiais iraquianos xiitas? Achei que a justiça tinha sido finalmente feita", declarou um sunita numa entrevista. Com relação a ser expulso de sua casa em Bagdá, ele acrescentou: "A milícia foi lá nos expulsar e a polícia ficou do lado de fora, rindo. Tivemos que deixar tudo para trás, nossos móveis, nossas roupas, os brinquedos das crianças. Só tivemos permissão de levar o que poderíamos carregar."[65] Para esse homem, testemunhar uma brutalidade inqualificável do EI contra um xiita foi uma forma de represália contra todos os xiitas. Não importa se essas ações brutais são vistas numa tela qualquer ou testemunhadas nas ruas de Falluja, como foi o caso dos corpos dos funcionários da Blackwater torturados sendo arrastados pelas ruas — o efeito é o mesmo.

As redes sociais não são os únicos instrumentos usados pelo EI para divulgar sua mensagem de medo e demonstrar o alcance de seu poder territorial. Os números ajudam também a contar essa história. No *al Naba* ("A Notícia"), o relatório contábil anual do Estado Islâmico, a organização alega que realizou em 2013 "quase 10.000 operações no Iraque: 1.000 assassinatos, com a instalação de 4.000 mil artefatos explosivos improvisados e centenas de prisioneiros radicais libertados".[66] Considerados à luz do fato de que, em 2013, cerca de 7.800 pessoas foram mortas no Iraque, as alegações do EI são espantosas.[67] O Estado Islâmico alega ainda, no mesmo relatório, que, em 2014, centenas de "apóstatas" foram convertidos, confirmando a grande força proselitista da violência nas mãos de um exército vitorioso. Numa guerra religiosa sangrenta, o oponente embrutecido e derrotado pode buscar proteção nos braços do vencedor.

O crescente número de seguidores ao redor do mundo, pessoas induzidas a abraçar a prática da violência pela propaganda do Estado Islâmico, confirma o caráter fascinador global de sua mensagem: a de que o mundo virtual em que vivemos agora pode produzir também novos atos de violência irracionais e bárbaros. A fracassada tentativa de um grupo de muçulmanos australianos de sequestrar aleatoriamente uma pessoa qualquer e decapitá-la, simplesmente para divulgar sua execução pela internet, nos mostra o poder degenerativo da propaganda do Estado Islâmico num ambiente virtual em que tudo é um videogame, incluindo ações de guerra do mundo real. Essa mutação dos efeitos da propaganda clássica causada pelas atrocidades itinerantes de organizações armadas representa uma ameaça sem igual para os países ocidentais. Assim como os improvisados homens-bomba dos primeiros anos de 2000, os degoladores alfabetizados pelas cartilhas virtuais do faça-o-mal-você-mesmo dos dias atuais são difíceis de identificar e localizar, pois não pertencem a nenhum grupo terrorista consagrado, de vida relativamente longa, e sua radicalização nasceu da gestação de apenas alguns cliques do mouse.

Conquanto o Estado Islâmico, ao contrário do Talibã e da Al-Qaeda, seja uma organização terrível para o público mundial, é também um grupo que protege as populações dos territórios conquistados, em cuja defesa nenhuma forma de vingança ou punição é impiedosa demais para seus membros. A estrutura governamental surpreendentemente sofisticada do Estado Islâmico conta com um sistema judiciário baseado na xariá e uma força policial itinerante, que executa suas sentenças em público, nas ruas ou nas praças. "Na cidade síria de Manbij, por exemplo, autoridades do EI deceparam as mãos de quatro assaltantes [...] [,] chicotearam pessoas por terem insultado seus vizinhos, confiscaram e destruíram medicamentos falsos e, em várias ocasiões, executaram sumariamente e crucificaram indivíduos por apostasia ou assassinato."[68]

Para os ocidentais, atitudes como essas não são medidas de um Estado moderno em busca de legitimidade pela aprovação consensual e colaboração de sua população, mas ações brutais de forças de ocupação, de um exército de sádicos. Todavia, essa não é, necessariamente, a visão de sunitas sírios e iraquianos após décadas de caos, guerras, destruição e corrupção nas mãos de funcionários públicos, policiais e políticos. "Vocês levam em conta apenas as execuções", explica um membro do EI. "Mas toda guerra tem execuções, traidores, espiões. Nós criamos cozinhas comunitárias gratuitas, reconstruímos escolas, hospitais; nós restabelecemos o fornecimento de água e energia; nós bancamos o fornecimento de comida e combustível. Enquanto as Nações Unidas não conseguiram nem fornecer ajuda humanitária, estávamos vacinando crianças contra a poliomielite. O fato é que algumas ações são mais visíveis do que outras. Para cada ladrão que punimos, vocês punem centenas de crianças com a sua indiferença."[69]

Para entender o fascínio que a construção política do Estado Islâmico exerce sobre a população sunita local, bem como a verdadeira ameaça que o Califado representa para o mundo, precisamos voltar no tempo e estudar a questão da criação de Estados nacionais na conjuntura da sociedade tribal medieval.

Roma, a Troia Moderna

Juntamente com a imposição de uma ditadura medieval e a perpetração de atos de barbaridade, o Estado Islâmico promove sua aposta na conquista da soberania com a promessa de abrigo e aconchego. Ele incentiva seus soldados a casar-se e, durante marchas de vitória, faz seus combatentes desfilarem por vias ladeadas de crianças armadas com metralhadoras. Em Raqqa, a capital do Califado, um furgão de propaganda esforça-se para convencer jovens moradores a alistar-se em centros de treinamento militar para que aprendam a usar armas modernas. Em cálidas noites de verão, moradores são convidados a participar de festivais islâmicos em praças públicas, onde o ambiente é de música, risadas e elogios ao Califado e ao califa. Crianças seguem aos bandos para esses eventos, atraídas pela música e pela fascinante exibição de armas e grupos de guerrilheiros, que aos incentivam a unir-se a eles na defesa de seu novo Estado.[70]

Embora o mundo que o Califado exibe nas mídias sociais tenha sempre ao fundo um cenário de guerra de conquista que nos faz lembrar da Idade Média — com cabeças decepadas e corpos de crucificados exibidos em parques ou praças públicas, sem nenhum sinal da presença feminina —, o Califado tem também seu outro lado da moeda. De fato, sua face social exibe traços de humanitarismo, e é a esse lado que o Ocidente deveria reagir se quiser reduzir o recrutamento de novos guerreiros.

Ao contrário do Talibã, o Estado Islâmico busca conquistar legitimidade entre membros da população civil procurando aliciar homens, mulheres e crianças para o Califado na condição de cidadãos. Ao reverso da OLP, do ETA e da IRA, que se sentiam legitimados apenas por uma parcela da população, o Estado Islâmico procura obter a aprovação da Umma, a comunidade mundial dos fiéis, a alma do Islã. Consequentemente, suas ambições vão muito além daquelas de grupos armados do passado. Visto que conseguiu provar, com sucessos militares espetaculares, que Deus está do lado deles e que o herdeiro do Profeta, o califa, voltou, os guerreiros do Estado Islâmico precisam agora conquistar o apoio do povo de Alá e o amor de Suas mulheres para produzir a próxima geração.

Para acharmos um projeto de criação de um Estado igualmente ambicioso, nascido de uma situação de violência total, legitimado por um poder sobrenatural e impregnado de nostalgia por uma fase áurea perdida, precisamos recuar ao tempo de sociedades tribais medievais e ao nascimento da antiga Roma.

Segundo a mitologia romana, os fundadores de Roma são descendentes diretos dos sobreviventes de Troia. Rômulo e Remo são apresentados como os descendentes do príncipe Eneias e de seu filho, Ascânio, que escapou milagrosamente da destruição de Troia. Naturalmente, o destino exerce um importante papel na preservação dessa linhagem, sinal de que Troia não podia morrer nas mãos dos homens, mas estava destinada a reviver sua glória por intermédio de Roma. No entanto, Roma não foi simplesmente uma réplica de Troia. Ao contrário, foi sua encarnação moderna. Da mesma forma, nas palavras do califa, o Califado não será mera cópia de seu antecessor. Ele terá sua própria identidade, em sintonia com os tempos modernos.

Sob o pano de fundo mitológico que forneceu legitimidade para a então recém-fundada cidade, Roma teve que resolver problemas práticos relacionados com a criação de uma nação: encher o enclave de habitantes e transformá-lo, de um acampamento militar de homens extremamente violentos, numa cidade de verdade. Essa transição demandava a criação de famílias. Com isso, os romanos saíram em busca de mulheres para povoar a cidade recém-criada. Lançando mão de seus métodos violentos, com os quais estavam acostumados, sequestraram mulheres de seus vizinhos, os sabinos.

Assim como Roma precisava de mulheres para continuar crescendo e assegurar a expansão da cidade, hoje o Califado necessita de mulheres para crescer socialmente. Num relatório sobre Baiji, cidade controlada pelo EI, consta que militantes foram de porta em porta perguntar aos moradores a respeito do número de mulheres casadas e solteiras nas residências, deixando seus ocupantes apavorados. "'Eu disse a eles que havia apenas duas mulheres em casa e que ambas eram casadas', contou Abu Lahid. 'Eles disseram que muitos de seus mujahedin [combatentes] eram solteiros e queriam uma esposa. Insistiram que eu os deixasse entrar para ver a carteira de identidade das mulheres [que, no Iraque, indica o estado civil].'"[71]

O curioso é que a guerra desencadeada pelo sequestro de mulheres sabinas chegou ao fim graças às próprias vítimas, as mulheres, que convenceram seus parentes a estabelecer a paz com seus maridos sequestradores. Assim também, em Raqqa, antes de a cidade ter sido tomada pelo Estado Islâmico, mulheres se ofereceram como escudos humanos para proteger a cidade do ataque das forças rebeldes.[72] Raqqa era uma cidade-satélite composta de tribos que, no início, apoiaram o governo de Assad, mas depois se tornaram leais ao Estado Islâmico. É o melhor exemplo da forma pela qual o Califado planeja administrar o novo Estado, procurando entrosar-se com a população local. Por exemplo, ele espera neutralizar movimentos de oposição interna estabelecendo relações consanguíneas entre conquistadores e conquistados, laços de parentesco na forma de casamentos entre guerreiros do Estado Islâmico e mulheres sunitas locais, as quais, com o tempo, ajudarão a consolidar a aprovação do Estado pelo povo e conferirão legitimidade a ele.

O Maior Desafio do Califado

O caráter contemporâneo e o pragmatismo do Estado Islâmico resultam de uma mistura de estratégias, tecnologia e capacidade de comunicação modernas, propaganda psicológica, técnicas de guerra à moda antiga e costumes tribais, tais como casamentos arranjados entre mulheres de tribos sunitas e os jihadistas. Visto sob essa perspectiva, está claro que o Estado Islâmico supera em muito os feitos de todos os Estados-fantasmas do passado ou do presente na construção de nações e que talvez ele consiga ser bem-sucedido onde todas as organizações armadas do pós-guerra fracassaram: na criação, dos escombros resultantes de ações de pura violência, de um novo tipo de Estado, bastante grande, forte e, estrategicamente, suficientemente importante para merecer a atenção do mundo. Aliás, ele já mobilizou um número de nações maior que a do grupo do G20 para combatê-lo. A alternativa ao reconhecimento da legitimidade do EI e do Califado, uma guerra total com soldados estrangeiros em ações terrestres, atingiria mais civis inocentes, desesta-bilizaria totalmente o Oriente Médio e, ao mesmo tempo, teria poucas chances de sucesso a longo prazo. Logicamente, em vista do anunciado plano dos Estados Unidos de realizar uma prolongada campanha de ataques aéreos e da formação de uma grande coalizão, a possibilidade de esse tipo de guerra ocorrer não pode ser descartada.

É possível que, um dia, chefes de Estado europeus acabem trocando apertos de mãos com al-Baghdadi? Por mais repugnante que essa ideia possa parecer hoje, a história de sequestros de mulheres sabinas deveria levar-nos a considerar que tudo é possível, desde que haja suficiente aprovação consensual das ações e das criações dessa organização.

Até o momento da elaboração destes escritos, uma negociação com o Estado Islâmico está fora de questão. Mas, se o Iraque for dividido e o EI conseguir estabelecer seu próprio Estado nas áreas ocupadas por sunitas, tanto na Síria quanto no Iraque, e, desse baluarte territorial, avançar para a Jordânia, o Líbano ou outras áreas estratégicas da região, aí a história será outra. Afinal, será que o Ocidente e, aliás, o mundo, permitirá a existência de um Estado fora da lei às portas da Europa e até mesmo mais perto de Israel? E é possível que esse Estado-fantasma, construído com atos de violência bárbara, conquistará algum dia a necessária legitimidade com a aprovação de sua população para que realize o processo de transição para a condição de Estado moderno? Se é, não seria melhor incorporá-lo à comunidade internacional e, desse modo, forçá-lo a respeitar as leis internacionais, antes que ele reconfigure totalmente o mapa do Oriente Médio, em detrimento de nossos interesses? O receio que nações do golfo Pérsico demonstram diante do avanço do Califado para perto de suas fronteiras parece indicar o potencial da força revolucionária do EI nesses países.

Não seria a primeira vez que um Estado e governantes fora da lei passaram por esse tipo de transição. A autoridade de Kadafi, por exemplo, foi reconhecida na Líbia. Seria, porém, a primeira vez, na história moderna, que um Estado nasceria das cinzas de ações de puro terrorismo com uma guerra de conquista de métodos medievais.

Esses são os desafios excepcionais que temos pela frente hoje. Independentemente da forma pela qual os enfrentarmos, o nascimento do Califado serve para nos advertir que aquilo que os políticos confundiram com uma nova espécie de terrorismo pode ser, na verdade, um novo modelo de terrorismo. Em outras palavras, o Estado Islâmico pode romper com a tradição e resolver o dilema do terrorismo sendo bem-sucedido na criação de uma nova nação, conquistando para membros de uma organização armada o status de inimigos e, para as populações civis, o status de cidadãos. Mesmo sem reconhecimento diplomático, o simples fato da existência do Califado levaria a comunidade internacional a encarar o terrorismo com outro olhar.

Qual a possibilidade de isso acontecer? Seria maior do que talvez tenha sido no caso de qualquer outra organização armada moderna, em todos os tempos? O Estado Islâmico incorporou algumas características do Estado moderno, tais como legitimidade interna conquistada por meio de um contrato social grosseiro, e aprendeu a aplicar sua política de manipulação em benefício de seus líderes. Mas o irônico e paradoxal nisso tudo é que, para justificar sua reivindicação à soberania, o Estado Islâmico criou sua própria mitologia das cinzas da mesma fábula forjada pelos Estados Unidos para ilegitimizar o governo de Saddam Hussein: o mito de al-Zarqawi.

Capítulo 4

A Fênix Islamista

Em 2009, Abu Bakr al-Baghdadi foi solto de Camp Bucca, um centro de detenção americano no Iraque cujo nome é uma homenagem ao chefe do Corpo de Bombeiros de Nova York, Ronald Bucca, que morreu em 11 de setembro de 2001, no resgate às vítimas dos ataques ao World Trade Center. Embora não esteja claro por que foi concedida anistia a al-Baghdadi, bem como a milhares de outros presos, é provável que o governo iraquiano, carente de recursos para manter a prisão funcionando, esvaziou Camp Bucca quando os soldados americanos se preparavam para sair do Iraque, em 2010.

Enquanto deixava o campo, al-Baghdadi disse zombeteiro aos reservistas de Long Island que faziam sua escolta: "Vejo vocês em Nova York."[73] Na ocasião, poucos deram atenção a essa promessa. Quando, no fim da primavera de 2014, al-Baghdadi se tornou o califa do Estado Islâmico, o coronel do exército Kenneth King, ex-oficial comandante de Camp Bucca, lembrou-se do comentário irônico do ex-prisioneiro, agora soando como um aviso aterrador.[74]

Diante da ascensão de al-Baghdadi ao posto de Califa, King confessou-se surpreso com o fato de que seu ex-detento havia se tornado o terrorista mais procurado do mundo. Na prisão, al-Baghdadi não era considerado um sunita radical perigoso ao extremo. Aliás, até semanas antes da proclamação do Califado, poucos nos meios de comunicação tinham dado atenção a ele e a seu grupo. Obviamente, essa não foi

a primeira vez que os Estados Unidos negligenciaram, por total ignorância e mau planejamento, um inimigo formidável. É, contudo, espan-
toso o fato de que a sociedade global inteira tenha ignorado os sucessos
espetaculares de al-Baghdadi na Síria em 2012 e 2013, um tempo em
que os olhos do mundo estavam voltados justamente para esse país.

É igualmente inquietante o fato de que as futuras e incríveis façanhas
do califa tenham sido possíveis graças à sua decisão de seguir o exemplo
de seu antecessor mundialmente conhecido, Abu Musab al-Zarqawi,
cujo mito de superterrorista foi forjado pelo governo Bush. Ainda mais
chocante é o fato de que al-Baghdadi haja tomado emprestado dos
americanos os instrumentos e técnicas de propaganda que eles tinham
empregado para engendrar e disseminar globalmente a falsa e terrifi-
cante aura mitológica em torno do líder jihadista jordaniano. O irônico
é que, tal como Bush e Blair, al-Baghdadi tinha em mente um objetivo muito ambicioso, maior do que muitos poderiam ter imaginado: a
reconfiguração do mapa do Oriente Médio — no caso de al-Baghdadi,
a criação de um novo Estado, o Califado.

A Criação de um Superterrorista

Contrário àquilo em que muitos acreditam, o estrelato de Abu Musab
al-Zarqawi no firmamento jihadista e seu papel como arqui-inimigo dos
Estados Unidos é um clássico exemplo de tragédia anunciada. Quando
Colin Powell concluiu que al-Zarqawi era o homem da Al-Qaeda no
Iraque, o jordaniano tornou-se a nova estrela do jihadismo quase de
um dia para o outro e patrocinadores de guerras começaram a despejar
rios de dinheiro sobre ele e seu grupo. Só que, além do fato de que não
havia nenhuma ligação entre a Al-Qaeda e Saddam Hussein, al-Zarqawi

era um peixe muito pequeno num mar de tubarões jihadistas. Todavia, a julgar pelos sucessos do Estado Islâmico, hoje em dia o espectro dessa tragédia anunciada voltou para nos assombrar.

A primeira vez que as autoridades americanas ouviram falar em al-Zarqawi foi próximo ao fim do ano de 2001, por parte dos serviços secretos curdos, após os ataques do 11 de Setembro. Os curdos alegaram que a Al-Qaeda tinha financiado a criação de uma nova base em Bajara, no Curdistão iraquiano, operada por uma nova organização jihadista, chamada Ansar al-Islam. Em 2001, o Jund al-Islam, um grupo de jordanianos da cidade de Salta que havia conhecido al-Zarqawi quando ele estava preso na Jordânia e se mantivera em contato com ele, fundiu-se com a Ansar al-Islam.[75] Mesmo sem provas concretas, o serviço secreto curdo usou essa aliança para concluir que al-Zarqawi tinha ligação com a Al-Qaeda. Assim, al-Zarqawi passou a ser considerado um intermediário de ambos os grupos por causa de seus contatos pessoais com jordanianos e seu centro de treinamento militar em Herat, cidade localizada numa conhecida rota jihadista, que se estende do Norte do Iraque até o Afeganistão.

Como os americanos não sabiam nada a respeito de al-Zarqawi, eles contataram as autoridades jordanianas imediatamente para colher mais informações. Foi a essa altura que, em Washington, a ideia de criar uma aura mitológica em torno dele como justificativa para a intervenção no Iraque começou a tomar forma.

Após investigações conjuntas entre americanos e jordanianos, ambos começaram a acusar al-Zarqawi de ter arquitetado uma conspiração na Jordânia durante as comemorações da virada do milênio, bem como os assassinatos, em 2001, de um cidadão israelense, Yitzhak Snir, e, em 2002, do diplomata americano Lawrence Foley, mortes pelas quais uma organização armada desconhecida, os Honrados da Jordânia, tinham reivindicado responsabilidade. Porém, não apareceu nenhuma prova concreta confirmando essas acusações. Aliás, no fim de abril de 2004, depois que al-Zarqawi foi condenado à morte à revelia por ambos os assassinatos, os Honrados da Jordânia divulgaram uma declaração negando o envolvimento do terrorista. A mensagem foi entregue acompanhada dos cartuchos de balas que tinham sido disparadas contra Foley e Snir.[76]

Os americanos tinham muito a ganhar com a criação desse mito. De 11 de setembro de 2001 a 20 de março de 2003, os Estados Unidos reuniram informações para justificar o ataque ao Iraque. O governo de Saddam foi acusado de possuir armas de destruição em massa e apoiar o terrorismo. Ainda que sem nenhuma prova da existência desse apoio, essa acusação contra Saddam era o único artifício de que o governo americano dispunha para convencer o mundo de que o ditador iraquiano tinha que ser destituído do poder. Para usá-lo, o governo precisava provar uma mentira: a de que Saddam Hussein tinha ligação com a Al-Qaeda. E o elo fictício criado pelos americanos ligando ambos era Abu Musab al-Zarqawi.

O Poder das Redes Sociais

A triunfal invenção do mito de al-Zarqawi apoia-se em dois fatores: o poder das redes sociais, que propagaram pelo globo a terrível mensagem entregue por Colin Powell ao Conselho de Segurança da ONU, e a propensão dos cidadãos ocidentais de acreditarem nessa mensagem questionável após os ataques do 11 de Setembro. Pouco mais de dez anos depois, o Estado Islâmico vem usando as redes sociais para disseminar

A FÊNIX ISLAMISTA **83**

uma série de mitos novos e igualmente falsos. E, tal como acontecera uma década atrás, o mundo parece muito inclinado a acreditar neles.

Al-Baghdadi e seus seguidores entendem a importância da vida em ambientes virtuais e nossa tendência em agir irracionalmente ao lidarmos com questões misteriosas e terrificantes, tais como o terrorismo. Numa demonstração de perfeita compreensão de técnicas de análise de instrumentos de comunicação e seus efeitos, eles investiram uma quantidade extraordinária de energia em redes sociais para divulgar profecias assustadoras, sabedores de que elas produzirão um efeito que se realizará por si mesmo. Eles parecem também perfeitamente conscientes de que, num mundo em que a mídia funciona sem parar e transformou jornalistas e leitores em viciados em acontecimentos chocantes e extraordinários, a veracidade de um relato tem menos valor do que sua capacidade de chocar.

Como temos visto desde o início, quando o primeiro grupo de jornalistas do Estado Islâmico no Iraque atravessou a fronteira com a Síria, o objetivo da organização era conseguir seu próprio bastião territorial. Era um plano ambicioso, que acreditavam que não podia ser realizado sem a disseminação de um mito cuidadosamente forjado, com vistas a passar uma imagem de al-Baghdadi e de seus seguidores como uma força muito mais poderosa do que realmente era. Assim, com uma engenhosa máquina de propaganda, operada por homens munidos de conhecimentos práticos e avançados em tecnologia, passaram a espalhar falsas notícias de sua força excepcional por meio de redes sociais, uma estratégia que se revelou de fundamental importância para o recrutamento, o levantamento de recursos financeiros e a execução de programas de treinamento militar. Aliás, já em 2011 a organização atraiu experientes combatentes da Bósnia e da Chechênia, pessoas com conhecimentos militares notáveis, que não estavam interessadas em unir-se a nenhum dos outros grupos jihadistas na Síria.[77] A ilusória artimanha criada pela propaganda enganou todo mundo e escondeu a desoladora realidade de que, no fim de 2010, o Estado Islâmico no Iraque estava à beira da extinção e que a migração para a Síria era seu último cartucho na luta pela sobrevivência.

Ainda hoje, dentro e fora do Califado, a máquina de propaganda está em constante funcionamento, espalhando, entre jovens, mitos de um exército cada vez mais forte e bem-sucedido, tanto no exterior quanto internamente. Em Raqqa, um jihadista belga e seu jovem filho percorrem a cidade num furgão de propaganda respondendo a perguntas sobre tudo, desde as relacionadas a serviços de assistência social às referentes à procura de emprego. O furgão vive cheio de CDs, música, vídeos, panfletos, fotografias e literatura específica.[78] Somos testemunhas, aqui, de um fenômeno tão antigo quanto o mundo em que vivemos e que Platão explicou com brilhantismo no mito da caverna: as pessoas presas lá dentro não veem nada, exceto as sombras projetadas nas paredes diante de si, as quais elas consideram a realidade em sua totalidade.

Ao contrário do Talibã, que repelia tudo que envolvia tecnologia, no Estado Islâmico a propaganda ideológica é uma atividade que envolve alta tecnologia, administrada por profissionais qualificados, incluindo alguns ocidentais com alto nível de instrução. Quando o Twitter e o Facebook tiraram do ar o vídeo do EI exibindo a decapitação de James Foley, questão de horas depois a equipe de propaganda da organização tinha restaurado o acesso ao vídeo por intermédio de sites de aliados mantidos no exterior.[79] E a propaganda ideológica do Estado Islâmico tem se mostrado muito sedutora para potenciais jihadistas, principalmente no Ocidente. Cabe nos perguntarmos o que de realmente proveitoso a NSA (Agência Nacional de Segurança) está fazendo com as transcrições de todos os nossos telefonemas e mensagens eletrônicas, já que tem sido incapaz de interceptar as numerosas mensagens de ocidentais enviadas ao Califado e de prender esses aspirantes a guerrilheiros. A recente descoberta de que existia, já em 2009, uma estreita ligação entre jovens muçulmanos de Minnesota (dois dos quais morreram combatendo para o Califado) e o Estado Islâmico,[80] nos leva a indagar como é possível que a NSA não tenha conseguido tomar conhecimento dessa ligação.

Essa falha nos serviços secretos é especialmente intrigante se considerarmos o fato de que o Estado Islâmico emprega uma extensa gama de instrumentos eletrônicos estratégicos para realizar uma ampla disseminação de sua mensagem. O uso que ele faz de um aplicativo especial é um bom exemplo disso. "Um dos mais bem-sucedidos empreendimentos do EIIL é um aplicativo em árabe para uso no Twitter chamado The Dawn of Glad Tidings ("A Aurora das Boas-Novas", em tradução livre), ou simplesmente Dawn. O aplicativo, um produto oficial do EIIL promovido por seus principais usuários, é anunciado como um instrumento para o internauta se manter atualizado com as últimas notícias sobre o grupo jihadista."[81]

Como vimos, o EI é muito bom também em se aproveitar dos eventos globais para fazer proselitismo. "Durante a Copa do Mundo de 2014, ele usou hashtags como #Brazil2014, #ENG, #France e #WC2014. Esse artifício permitiu que ele pudesse ser acessado por usuários como resultado de milhões de buscas sobre a Copa do Mundo no Twitter, na esperança de que, então, alguns deles clicassem em suas ligações de acesso a material de propaganda, principalmente de um vídeo mostrando jihadistas britânicos e australianos tentando persuadir outros muçulmanos do Ocidente a juntar-se a suas fileiras."[82]

Uma possível resposta para esse fenômeno intrigante está no conflito sírio. Ao contrário da Líbia ou do Iraque, a presença do Estado

Islâmico na Síria representa um dilema diplomático para o Ocidente. Afinal, as nações ocidentais comprometeriam suas relações com a Rússia ou a China, ou ainda sua tentativa de conciliação com o Irã, por causa de um país em que os interesses do Ocidente são muito limitados ou até inexistentes? Até o verão de 2014, a resposta para essas perguntas seria "não". Membros de organizações de ajuda humanitária, jornalistas e refugiados confirmam que o fluxo de combatentes estrangeiros para o Norte da Síria continuou a aumentar à medida que os acontecimentos no mundo foram se sucedendo. "Eles vinham em grupos. Após o golpe de Estado no Egito, os que tinham acreditado na Irmandade Muçulmana chegaram à conclusão de que, no fim de tudo, o destino das nações árabes é decidido mesmo nos EUA, e os moderados não tinham mais argumentos para defender a ideia da luta pela democracia. Outra leva chegou após o ataque a Abu Ghraib, em julho de 2013; [aliás,] muitos dos prisioneiros que haviam fugido vieram para a Síria e se uniram aos vários grupos. A última onda veio após o ataque com armas químicas do dia 21 de agosto de 2014", explica Francesca Borri. Quase todos os estrangeiros entraram no Norte da Síria pela fronteira com a Turquia, em aviões com destino ao aeroporto de Hatay. "Na fronteira entre a Turquia e a Síria, existe um tapete de etiquetas de empresas aéreas do mundo inteiro", conta Borri, que foi a Hatay de avião várias vezes, numa peregrinação que pode ter sido a última viagem para muitos.

Sem dúvida, as autoridades turcas sabiam o que estava acontecendo na fronteira com a Síria e, se quisessem, os serviços secretos de países ocidentais e de Israel poderiam ter monitorado o fenômeno. Mas somente quando o EI entrou no Iraque, o Ocidente começou a se interessar pelo conflito sírio e pelo Estado Islâmico.

Ainda que o EI representasse uma batata quente política, não está claro por que a comunidade de serviços secretos do Ocidente não teve

A FÊNIX ISLAMISTA **87**

um interesse maior por al-Baghdadi e seus seguidores enquanto o grupo estava crescendo na Síria. Teria sido muito fácil invadir sua comunidade virtual. Em 2013, por exemplo, membros, simpatizantes e patrocinadores do EIIL acompanharam, pelas redes sociais, a disputa entre al-Baghdadi e o emir da Frente al-Nusra, Abu Mohammed al-Golani, após a fusão de seus grupos. Quando al-Baghdadi e o imã al-Zawahiri entraram em conflito por causa do direito de ambos lutarem na Síria e exigir a aliança de facções de combatentes árabes, estrangeiros e residentes locais, a comunidade jihadista global foi convidada a dar sua opinião. "Essa disputa requeria, além de uma demonstração de competência para realizar operações militares terrestres, a capacidade de promover a visão do EIIL de um governo com base na xariá, dando a devida atenção à questão da ideologia quando se promovesse a imagem e o ideal da organização, tal como evidenciado pelos discursos e mensagens trocadas entre Golani, Baghdadi e Zawahiri. O teor dessas mensagens foi debatido em fóruns jihadistas e sites de rede social para se aquilatar o legítimo direito de Baghdadi de comandar a organização."[83]

Mas esses debates não despertaram o interesse de numerosos institutos de pesquisa que proliferaram desde o episódio do 11 de Setembro para estudar movimentos de radicalização e o terrorismo. Somos levados a achar, portanto, que o uso intensivo que membros do Estado Islâmico fazem de redes sociais e das técnicas e instrumentos mais avançados para fazer proselitismo e conseguir recursos financeiros seria um verdadeiro presente para essas organizações. A revista *The Atlantic*, em sua própria análise da estratégia do EI nas redes sociais, descobriu que o EI recebeu setenta e duas repostagens para cada postagem feita por ele: "Usando sua conta no Twitter no idioma árabe, @ActiveHashtags, por meio da qual ele divulga as hashtags mais populares para divulgar seu próprio material pelo serviço."[84] As oportunidades para estudar o grupo de al-Baghdadi pelo uso que ele faz das redes sociais eram abundantes, mas ninguém em condições de alterar as regras da utilização desses serviços se interessou em aproveitá-las.

O curioso é que os serviços secretos e os principais veículos de comunicação do Ocidente não apenas ignoraram o desenvolvimento do Estado Islâmico durante alguns anos, mas também, quando finalmente se interessaram pelo assunto, começaram a dar ouvidos às pessoas erradas. Isso confirma a absoluta falta de informações apropriadas sobre o conflito sírio e a presença do EI no Norte da Síria. As primeiras vítimas da organização foram jornalistas. "Entre abril e maio de 2014, eu estava me preparando para voltar a Alepo vindo da Turquia. Serviços secretos ocidentais me informaram do que estava acontecendo durante a batalha de Alepo entre as forças de Assad e os rebeldes. Disseram-me que, como os rebeldes estavam vencendo e o governo de Assad estava caindo, era mais seguro viajar para Alepo pela estrada [que se estendia] da fronteira. Fui a primeira jornalista estrangeira a atravessar a fronteira e meu motorista e eu acabamos percorrendo quinze quilômetros ao longo da linha de frente. Não sei como sobrevivemos, mas conseguimos. Quando voltei, eu disse aos serviços secretos do Ocidente que todos os rebeldes haviam partido e a cidade estava nas mãos de Assad, mas eles não acreditaram em mim, tampouco a mídia internacional quis publicar a minha reportagem. Tanto os serviços secretos quanto a mídia viviam afirmando que aquilo que eles viam no Facebook e no YouTube eram coisas distintas. Diziam que recebíamos notícias diferentes dos rebeldes via redes sociais, mostrando-nos fotografias de sua vitória e falando-nos sobre ela. O único jornal que publicou a minha reportagem foi o *Le Monde*."[85]

Para nós, portanto, o Facebook, o YouTube, o Instagram são mais verídicos do que o relatório de uma jornalista autônoma disposta a arriscar a própria vida para apurar a verdade. E o Estado Islâmico, bem como os rebeldes e outros grupos envolvidos no sangrento conflito na Síria e no Iraque sabem disso.

O Supremo Fascínio do Califado

Em 2003, os principais veículos de comunicação disseminaram o mito, patrocinado pelo governo, de al-Zarqawi como superterrorista sem confirmar a autenticidade da informação. Dez anos depois, redes sociais conseguiram produzir um resultado semelhante, contribuindo para a propagação e a internacionalização de uma imagem exagerada do poder de al-Baghdadi e sua organização armada. Assim como aconteceu dez anos antes, ninguém se deu o trabalho de verificar essas alegações. Mas propaganda ideológica e mídia não são suficientes para mobilizar pessoas se a ilusão que elas transmitem não coincide com algum sonho ou pesadelo criado pela imaginação coletiva. Uma vez que sabemos que, na esteira dos ataques do 11 de Setembro, o mundo ficou profundamente traumatizado, podemos entender por que foi fácil para Bush e Blair influenciarem a opinião pública baseando-se em mentiras. No entanto, o que é mais difícil compreender é a atração que o Estado Islâmico exerce sobre seus seguidores nas redes sociais. Estamos falando aqui sobre um número considerável de pessoas. Segundo consta, o Estado Islâmico atraiu para suas fileiras 12 mil combatentes estrangeiros, 2.200 dos quais provenientes da Europa.[86] Esses números não levam em consideração aliados e simpatizantes no exterior. Por exemplo, enquanto se estima que 60 australianos estejam combatendo na Síria e no Iraque junto com o EI, acredita-se que seja de 100 o número de aliados internos.[87]

O que motiva jovens profissionais qualificados muçulmanos nascidos no Ocidente a abandonar a vida que levam em seus países de origem e envolver-se numa guerra de conquista numa terra que nem sequer conhecem, num conflito parecido com os que se travavam na Idade Média? Em suma, qual a natureza do supremo fascínio que o Estado Islâmico exerce sobre eles? São perguntas que não deveríamos deixar de nos fazer.

Em parte, isso se deve à oportunidade que a ocasião oferece para vingarem a humilhação de correligionários muçulmanos no Oriente Médio, mas esse foi o caso também de muitos homens-bomba ocidentais depois que forças de coalizão invadiram o Iraque. Talvez haja algo mais que incentive jovens muçulmanos a participar dessa jihad. A chance de contribuir para a criação de uma nova ordem política no Oriente Médio, para a formação de um Estado moderno sem racismo ou tensões religioso-sectaristas (depois de alguma limpeza étnica, logicamente), apresentou-se como uma oportunidade sem igual. Será que os seguidores do EI vibram com a perspectiva de um Califado como uma nação moralmente impoluta e incorruptível, com um profundo senso de fraternidade, uma sociedade sem a ameaça que mulheres muçulmanas ocidentais e ocidentalizadas representam para eles, uma nação governada com honra, uma sociedade contemporânea perfeitamente harmonizada com as diretrizes do *al Tawhid*, o mandato governamental de Deus na Terra? Aliás, essa nação idealizada representa para os muçulmanos não apenas o instrumento de libertação de séculos de humilhação, senão também a utopia política sunita do século 21, o portentoso constructo filosófico que, durante séculos, eruditos tentaram materializar, mas em vão. Essa, por sinal, é a moderna força política que o Ocidente e o restante do mundo optaram por ignorar até o verão de 2014.

Se essa análise estiver correta, o supremo fascínio exercido pelo Estado Islâmico está em sua capacidade de convencer jovens profissionais qualificados a abraçar uma utopia e a crença de que o Califado tem o poder para concretizá-la, tal como aconteceu com o movimento sionista na década de 1940, que reuniu a comunidade judaica global em torno da utopia de um Estado judeu e incutiu nela a certeza de que ele poderia transformar em realidade o sonho de criação de um Israel moderno.

Todavia, ao contrário do estado de Israel dos primeiros anos, as populações de sírios e iraquianos não estão dispostas a acolher de bom grado a presença de estrangeiros no seio dessa sociedade. "No outono de 2012, os primeiros estrangeiros começaram a chegar à Síria para participar da guerra civil. Os sírios deixaram que entrassem no país porque precisavam de toda ajuda possível, mas era uma situação que não lhes agradava e viviam dizendo que, assim que o governo de Assad caísse, os estrangeiros teriam que voltar [para de onde vieram]. Porém, todos sabiam que eles continuariam lá", relata Francesca Borri.[88] "Existe um clima de muita tensão entre os combatentes locais e os estrangeiros, que são os mais brutais e violentos. Pelo fato de que nunca enfrentaram uma ditadura e uma guerra tal como os nativos, eles desconfiam de jornalistas e os molestam. Nunca tive problemas com os sírios, mas fui ameaçada por um neozelandês que foi para a Síria a serviço de uma ONG infiltrada por membros do Estado Islâmico."

Nem todos os guerrilheiros são movidos pelo sonho de criação de um novo país muçulmano. Para muitos jovens ocidentais, unir-se à jihad ou aos rebeldes é uma aventura, uma espécie de colônia de férias militar. Esses são os mais perigosos, pois não sentem nenhuma compaixão pela população local e nenhuma compreensão do sofrimento com que ela padece.

A Versão Moderna do Salafismo

Na Síria, bem como no Iraque, a competência de al-Baghdadi e de seu grupo no empenho de fazer os sunitas acreditarem que eles podem ser bem-sucedidos nos cometimentos em que todos fracassaram é uma façanha notável, por seu caráter de modernidade. No passado, nenhum grupo jihadista chegou sequer a ter os meios e o aparato para governar um Estado real. Eles não tinham a mínima ideia da forma pela qual poderiam fornecer água potável, sistemas de esgoto ou serviços de construção de estradas, tampouco sabiam como explorar o mundo virtual para recrutar novos integrantes e levantar recursos financeiros ao redor do globo. Ignoravam, ademais, como conseguir a solidariedade consensual das comunidades controladas por eles. Essas deficiências, que vimos no Afeganistão com o Califado do mulá Omar, decorrem da visão medieval de sociedade esposada e difundida pelos adeptos do salafismo radical.

Embora o sonho do movimento jihadista sempre fora o de recriar o Califado, isso não passava de uma ideia vaga, romântica, totalmente inexequível nos tempos modernos, visto que os profitentes do salafismo rejeitavam a construção de um Estado moderno. Em vez disso, os sequazes do salafismo radical cristalizaram o conceito de sociedade ideal na forma de sua manifestação na Arábia do século 7. Para eles, todas as conquistas e adventos subsequentes são supérfluos e perigosos, desde a infraestrutura do Estado hodierno aos recursos da tecnologia moderna, tal como evidenciado pelo banimento da fruição das amenidades da música, do rádio e da TV imposto pelo Talibã.

Considerando as circunstâncias, o que al-Baghdadi fez, criando os próprios enclaves do Estado Islâmico do Iraque na Síria e administrando essas comunidades como autoridade política, com todos os instrumentos do Estado moderno, é realmente excepcional. Ele fundiu "o objetivo dos muçulmanos de conquista do poder governamental com a visão mais global dos neotradicionalistas de criação de um Estado, ainda que grosseiro, passível de reconhecimento político e destinado a servir, ao mesmo tempo, de plataforma de lançamento de uma operação de expansão político-territorial. Essa inaudita combinação é um artifício poderoso", escreve Jason Burke, veterano no estudo do jihadismo.[89]

A fabricação do mito de al-Zarqawi foi bem-sucedida porque, após os atentados do 11 de Setembro, houve a necessidade urgente de se arranjar mais de um culpado pelas atrocidades cometidas pela Al-Qaeda, e Saddam Hussein, um ditador muito odiado, se encaixava nesse perfil. Enquanto isso, Bush e Blair eram bem-sucedidos nas mentiras que contavam ao mundo e aos seus próprios governantes, que achavam inconcebível a possibilidade de que estavam sendo enganados. Os formadores da opinião pública mundial ainda se aferram à crença absurda de que, nos modernos Estados nacionais, a batalha diária na política é travada entre o bem e o mal. Aqueles que não se tornaram vítimas dessa fantasia sabiam, porém, que não havia nenhuma ligação entre a Al-Qaeda e Saddam Hussein e que a invasão do Iraque acabaria desestabilizando a região inteira.

Hoje, essas mesmas pessoas estão denunciando a fabricação de outro mito absurdo, não no Ocidente, mas no mundo islâmico: o do Califado e de seu líder, al-Baghdadi; estão testemunhando, ademais, por meio das mídias sociais, a paulatina concretização de outra tragédia anunciada. Após décadas de guerra e destruição pelas mãos da elite local, apoiada pelas potências ocidentais, os árabes sunitas e os muçulmanos querem muito acreditar que, finalmente, das cinzas de um mundo extinto há muito tempo, renasceu uma fênix magnífica. Ou seja, um Estado e um líder que lhes dará a longamente esperada libertação do presente infernal. Al-Baghdadi seria esse homem, e seu Califado, o tal Estado? O Ocidente e o mundo acreditam firmemente que não, mas somente os povos do Oriente Médio poderão, com o tempo, dar essa resposta.

Capítulo 5

A Jihad Moderna

A desestabilização provocada no Oriente Médio pelo Estado Islâmico criou estranhos aliados em várias potências regionais e nos força a encarar uma série de situações inquietantes: o patrocínio de iranianos e sauditas das ações dos palestinos em seu conflito com Israel no verão de 2014; as reuniões secretas entre iranianos e sauditas para debater possibilidades de dissolução do Califado; operações secretas dos americanos para armar "rebeldes" sírios, de um grupo formado principalmente por jihadistas, e não de elementos seculares, e a decisão do presidente Obama de bombardear os baluartes do Estado Islâmico na Síria com o apoio da grande coalizão formada por países ocidentais e árabes, porém sem a chancela das Nações Unidas, só para citar alguns exemplos. O acontecimento mais surpreendente de todos, porém, não está nessas estranhas alianças, mas na criação de um Estado empreendida de uma forma espantosamente triunfal por parte desses insurgentes armados e aparentemente retrógrados, se comparada com as deploráveis tentativas da mesma espécie feitas pelos Estados Unidos.

Desde o conflito no Vietnã, os americanos vêm se envolvendo em guerras de forma quase ininterrupta — por mais de meio século. De acordo com suas próprias palavras, eles têm feito isso para "disseminar a democracia". Mesmo depois de um repetitivo ciclo de guerras iniciado por "invasões e ocupações com o emprego maciço de forças militares seguidas por intervenções de contrainsurgência, guerras por procuração e assim por diante",[90] os militares americanos produziram resultados nada animadores, principalmente no Iraque. Como podemos nos esquecer do fato de que os americanos capturaram e recapturaram Mossul com o objetivo de aniquilar os jihadistas? Eles lutaram pela conquista de Falluja duas vezes, com pesadas baixas. No entanto, quando os exércitos de Bush e Blair se retiraram do Iraque, voltaram para casa "vitoriosos".[91] Porém, na ocasião em que traço estas linhas, ambas as cidades estão sob o controle do Califado.

Em flagrante contraste com os militares americanos, o Estado Islâmico, com seus recursos de propaganda de alta tecnologia e seus mitos fascinantes, empreendeu uma vitoriosa guerra de conquista usando estratégias terroristas — uma guerra travada sob a bandeira ideológica de uma jihad, de um guerra santa. Se a superioridade militar, por si só, não é capaz de assegurar vitórias, tal como indicam muitas derrotas dos americanos nos últimos cinquenta anos, a chave do sucesso militar deve estar em outro lugar. Para achá-la, precisamos fazer um estudo das motivações dos exércitos dos Estados Unidos e do Estado Islâmico.

Representantes de ambas as forças militares justificam suas ações com o argumento de que agiram em prol de uma causa maior. Mas isso levanta a seguinte questão: A criação de um Estado salafista radical cujas fronteiras são uma reconstituição das do antigo Califado é um motivo mais forte do que a vontade de "disseminar a democracia" e, com isso, preparar o caminho para a exploração comercial do Oriente Médio por parte de multinacionais do Ocidente? A julgar pelo que vimos nos últimos onze anos, a resposta correta pode ser "sim". Se a guerra santa de al-Baghdadi é realmente um motivo mais forte do que o que leva seus adversários a se esforçarem na exportação do modelo de democracia do Ocidente, torna-se imperioso entendermos o tipo de luta em que ele está se empenhando.

Duas Jihads

Criada após a morte do profeta Maomé pela *Ulema* (a comunidade global de eruditos religiosos muçulmanos), a *jihad* é fruto do aprimoramento dos ensinos do Alcorão e do Profeta. Contudo, existem dois tipos de jihad: a jihad maior, que é quase exclusivamente espiritual, ou seja, que envolve a luta cotidiana de cada um dos fiéis contra as tentações do mundo, e a jihad menor, a luta material contra um inimigo. A que nos interessa é esta última, cujo conceito evoluiu na esteira dos séculos, enquanto a jihad maior manteve-se inalterada.

Formulada quando o Mundo Islâmico já era uma superpotência, a ideia da jihad menor refletia um espírito de soberania. Era um instrumento usado para proteger a comunidade dos fiéis. Eruditos religiosos desse período defendiam o conceito da existência de duas formas de jihad menor: a defensiva e a ofensiva. A primeira obrigava todos os membros da comunidade a pegar em armas contra o inimigo para salvaguardar o Islã. A conclamação para o desencadear da jihad ofensiva, por outro lado, podia ser feita somente pelo Califa, o governador da comunidade. Seu objetivo era o de expansão do Islã, e não o de protegê-lo. A jihad em que o Estado Islâmico está empreendendo agora se enquadra nessas duas categorias.

Desde que o califa tivesse guerreiros suficientes prontos para o combate, os cidadãos ficavam isentos do recrutamento para participar da jihad ofensiva. Contudo, quando mais soldados eram necessários, nenhum muçulmano autêntico podia ignorar o chamado de seu líder espiritual e político. Esse princípio ainda vigora nos dias atuais. Assim, al-Baghdadi, como sucessor legítimo do profeta Maomé, tem não apenas o direito de empreender guerras de conquista, mas também pode exigir a participação de todos os muçulmanos nesses conflitos, além de demandar que emigrem para o Califado. "Aqueles que podem imigrar para o Estado Islâmico deveriam fazê-lo, já que a imigração para a casa do Islã é um dever",[92] declarou al-Baghdadi durante o ato de proclamação do Califado, feito por ele.

E podemos inferir que, com o advento do moderno Califado, a autoridade de quaisquer outras organizações ou governantes jihadistas se enfraquece. Talvez também o Estado Islâmico represente uma ameaça para a legitimidade de todos os outros governos muçulmanos, pois ele impõe a autoridade do Califa a eles.[93] Essa imposição de autoridade não deveria ser desconsiderada quando se quiser avaliar o tamanho da ameaça que o Califado representa, tanto para muçulmanos quanto para o restante do mundo. Aliás, uma das tarefas da grande coalizão que o presidente Obama organizou por intermédio da OTAN, com a participação direta de vários países islâmicos, em setembro de 2014, é impedir que o Estado Islâmico se expanda territorialmente ainda mais na região.

Em salas de bate-papo virtuais e em mensagens pelo Twitter, aliados do Estado Islâmico asseveram que a estratégia dos Estados Unidos e da Grã-Bretanha de não negociar a libertação de reféns, que eles sabem que serão decapitados, destina-se a infundir medo no público. E, uma vez difundido, esse medo pode criar um clima político interno que favoreça a adoção de medidas militares, como aconteceu em 2003. Só que, desta vez, o ataque objetivaria proteger os aliados do Ocidente na região, principalmente os sauditas e outras elites dos países do golfo Pérsico, da mensagem revolucionária do Califado, que de fato poderia provocar uma revolução nessas nações.

Quando o Islã imperialista desapareceu, a ideia de "jihad menor" assumiu novos significados, adaptados às necessidades da época. Confrontado com a violência implacável dos francos na Segunda

Cruzada, Saladino, o sultão aiúbida do Egito e da Síria, reformulou o conceito de jihad menor.[94] Os radicais recursos espirituais do Islã animaram seus seguidores em sua vitoriosa campanha de reconquista.

No início do século 20, os feitos memoráveis da jihad de Saladino inspiraram a luta do Oriente Médio pela independência do jugo das potências coloniais da Europa. Durante o domínio britânico do Egito, Hassan al-Banna, o fundador da Irmandade Muçulmana, transformou a jihad num conflito anticolonial, uma luta pela independência total dos britânicos. Algumas décadas depois, Sayyid Qutb, um intelectual egípcio, transformou-a numa revolução, um instrumento para a mudança de governos.[95]

Desde o fim da década de 1950, o debate sobre o verdadeiro significado de jihad tem girado em torno de três conceitos: contracruzada, luta anticolonial e revolução. O Estado Islâmico parece ter incorporado as características inerentes aos três para dar à jihad menor um significado totalmente novo, ou seja, de criação de Estado nacional. "Corram, muçulmanos, para o seu Estado!", conclamou al-Baghdadi em seu discurso inaugural como califa. "É a sua nação [...] É um conselho que lhes dou. Se vocês se mantiverem fiéis a ele, conquistarão Roma e o próprio mundo, se Alá permitir."[96]

A cruzada contra a cultura e os interesses do Ocidente no Oriente Médio, conforme manifestados pela aliança entre elites muçulmanas corruptas e potências ocidentais, preparou o terreno para a guerra de conquista tradicional empreendida por al-Baghdadi. A criação de uma nação nos territórios conquistados exige também uma mudança de regime — daí a natureza revolucionária da pugna de al-Baghdadi na Síria e no Iraque, países governados por elites corruptas a serviço das potências estrangeiras. Mas o que torna essa jihad moderna especialmente eficaz e sedutora entre os muçulmanos é o fato de que seus perpetradores conseguiram executar, num tempo relativamente curto, parte do processo de criação de um Estado.

O Âmbito Territorial da Jihad

Entre os feitos da Al-Qaeda, nada chegou perto sequer da criação de um Califado, e tampouco a organização envolveu-se diretamente nesse tipo de empreitada. Até porque seus líderes estavam ocupados demais com maquinações contra os Estados Unidos. "A Al-Qaeda é uma organização e nós somos um Estado", explicou um combatente do Estado Islâmico, que disse chamar-se Abu Omar, num bate-papo on-line com o *The New York Times*.[97] Essa declaração resume as diferentes funções que os dois grupos armados desempenham aos olhos de muitos muçulmanos e o diferente tipo de ameaça que cada um deles representa para o mundo.

De acordo com essa definição de papéis, os atentados do 11 de Setembro foram um murro na cara dos ocidentais, ao passo que o estabelecimento do Califado foi um nocaute aplicado em seus principais aliados do Oriente Médio, um golpe que ameaça a própria existência deles como ordem geopolítica originalmente concebida para beneficiar o Ocidente e suas elites oligárquicas aliadas. Talvez isso seja algo surpreendente para os ocidentais, porém não deveria surpreender os que governam o Oriente Médio. Logo depois dos ataques do 11 de Setembro, o chefe do Serviço Secreto Geral Saudita disse ao encarregado do Serviço Secreto Britânico, o MI6, Sir Richard Dearlove: "Os ataques de 11/9 foram apenas uma alfinetada no Ocidente. A médio prazo, não passam de uma série de tragédias individuais. O que esses terroristas querem é destruir a Casa Real de Saud e recriar o Oriente

Médio."[98] Na ocasião, portanto, Dearlove foi informado a respeito de uma profecia terrível, cuja realização o Estado Islâmico está tentando confirmar.

Era só uma questão de tempo até que uma organização jihadista armada representasse uma ameaça séria para o *establishment* do Oriente Médio, em sua busca da transformação prática de conceitos antigos com a incorporação de características modernas. Também só uma questão de tempo até que um grupo armado ultimasse o projeto do cúmulo da utopia, o novo Califado, e o propusesse a milhões de sunitas como um exequível plano de ação usando os instrumentos da propaganda moderna. Na visão de muitos muçulmanos, o Estado Islâmico, assim como seus antecessores, é simplesmente o fruto de décadas de abuso, corrupção e injustiça. Todavia, ao contrário de seus antecessores, o EI se adaptou a um novo ambiente geopolítico multipolar e adotou um método de relações pragmáticas com as populações que habitam seu território.

A sensibilidade para com os problemas internos, junto com suas características endógenas, contribui também para o fascínio que o Estado Islâmico exerce sobre os muçulmanos. Ao contrário dele, a Al-Qaeda sempre foi vista como uma potência estrangeira, algo que al-Baghdadi tentou evitar quando, em 2010, mudou o nome de seu grupo, de Al-Qaeda no Iraque, para Estado Islâmico no Iraque. Aliás, quando as pessoas no Oriente Médio começaram a indignar-se com as ações da Al-Qaeda, isso não ocorreu porque a organização era comandada por um bilionário saudita e um intelectual egípcio, ambos totalmente distantes da vida cotidiana da maioria dos muçulmanos, mas porque a organização tinha optado por levar a jihad para fora do Oriente Médio.

É inquestionável o fato de que os acontecimentos do 11 de Setembro abriram uma nova frente de luta contra um inimigo distante, os Estados

Unidos, longe dos centros de refugiados, desvinculada do sofrimento diário dos povos do Oriente Médio e distanciada da injustiça que governos árabes corruptos cometiam contra eles. Além do mais, os atentados do 11 de Setembro foram medidas que poucos integrantes da comunidade jihadista aprovaram. Todavia, desferido contra o coração dos Estados Unidos com a intenção de enfraquecer o poder dos americanos e retirar o apoio das oligarquias governantes do Oriente Médio dado a eles, os ataques, na visão dos representantes dos veículos de comunicação ocidentais, passaram a simbolizar a jihad. Embora alguns no Oriente Médio tivessem vibrado com o desmoronamento das Torres Gêmeas, o consenso regional resultante dos ataques fora de que, de fato, nada de bom poderia advir desse tipo de estratégia. Ao contrário, para eles, levar a luta a um lugar tão distante poderia gerar consequências desastrosas na própria região dos que cometeram o feito. E realmente foi o que aconteceu.

Retrospectivamente considerado, o absurdo dos ataques contra o inimigo distante é óbvio. Mas Osama bin Laden tinha os recursos para maquinar os atentados do 11 de Setembro numa época em que outros jihadistas mal tinham dinheiro para a própria subsistência. Hoje, as coisas são diferentes. Enquanto o Estado Islâmico administra o Califado no solo histórico do Islã, o núcleo histórico da Al-Qaeda foi destruído. Bin Laden está morto e a organização que ele fundou foi reduzida a símbolo de mera panaceia jihadista genérica.

O esforço de construção nacional de al-Baghdadi na Síria e no Iraque é um forte atrativo para os muçulmanos por causa do local em que está situado. A questão geográfica sempre foi fundamental para o Mundo Islâmico, tanto religiosa quanto politicamente. Num documentário da CNN, um infiltrador de combatentes estrangeiros atuante na parte sul da fronteira da Turquia, perto de Hatay, explica o que alguns desses homens sentem quando entram na Síria: "Para muitos, a travessia em si é uma experiência religiosa. Quando chegam à linha demarcatória da fronteira, eles se ajoelham e choram, derramam lágrimas mesmo, como se tivessem acabado de deparar-se com algo mais valioso do que suas próprias famílias. Eles acreditam que essa terra, a Síria, é onde Deus os julgará."[99]

O impacto cultural do antigo Califado sobre o território controlado por ele foi enorme, a ponto de hoje, séculos após a desintegração dessa cultura esplêndida, ainda existir um idioma comum aos povos do Oriente Médio e do Norte da África. Mas também, com a queda do Califado, vieram séculos de conquista e humilhação impostas aos seus tutelados, deixando profundas cicatrizes na identidade e na autoestima da população muçulmana. Quando os europeus redesenharam o mapa desse território histórico e antiquíssimo, essas feridas foram reabertas. Em muitas ocasiões, desde o século 11, todos os movimentos de renascimento do mundo muçulmano alimentaram o sonho profundamente nostálgico de restauração das antigas fronteiras do Califado, como se a recomposição de sua configuração geográfica pudesse, como que por encanto, recriar seu resplendor de outrora.

A questão territorial está também na raiz do problema da mais recente radicalização do movimento salafista, graças à qual tanto a visão de al-Baghdadi quanto a de al-Zarqawi tomaram forma. O fato que desencadeou essa radicalização foi a assinatura de um acordo de paz entre o governo jordaniano e Israel, em 1994, considerado por muitos um acontecimento extraordinário. O acordo representa o reconhecimento oficial do direito territorial de Israel de existir numa terra considerada parte do Califado. Sua assinatura foi um marco decisivo para o movimento jihadista, provocando uma onda de nascimento de novas organizações salafistas clandestinas, entre elas a jordaniana al-Tawhid.

Capítulo 6

Salafismo Radical

As principais causas do que estamos testemunhando hoje estão no extraordinário acontecimento político que os salafistas consideram o cúmulo da traição: a aceitação, por governantes árabes, de Israel como potência política em solo muçulmano, em parte do antigo território do Califado.

Criada por motivos semelhantes em todo o Mundo Árabe, no início da década de 1990, por veteranos de organizações jihadistas antissoviéticas, tais como o Groupe Islamique Armé (GIA), da Argélia, e o Exército Islâmico de Áden-Abyan, do Iêmen, o al-Tawhid, grupo do qual Musab al-Zarqawi fora simples membro no início, é uma organização salafista radical quase idêntica às outras. Todos esses grupos armados comungam no mesmo objetivo: provocar uma jihad revolucionária em todo o mundo islâmico e expulsar dele todos os governantes favoráveis ao Ocidente. Com essa guerra civil, ou *fitna*, eles tirariam do poder os governos árabes, que os salafistas consideram *taghut* (idólatras).[100] Depois de ter se unido ao grupo na prisão, al-Zarqawi tornou-se seu emir. Assim, quando formou sua organização armada no Iraque, ele a batizou de al-Tawhid al-Jihad. O fato de que al-Zarqawi e al-Baghdadi professavam o mesmo credo salafista — al-Baghdadi foi criado no seio de uma família de religiosos salafistas — foi fundamental para a compatibilidade de suas visões de jihad.[101]

Em seus primeiros dias, contudo, na segunda metade do século 19, o salafismo não era uma ideologia antiocidental. Ao contrário, foi a admiração dos árabes pelo modernizado Ocidente que fez nascer o movimento. Deslumbrados pelo desenvolvimento europeu, países árabes começaram a comparar suas condições socioeconômicas e políticas com as da Europa. Essa comparação provocou uma profunda reflexão sobre a crise do Império Otomano, a potência política que controlava o mundo árabe na época, e gerou grande interesse pela civilização ocidental. No mundo árabe, esse processo é conhecido como al-Nahda, que significa, literalmente, "despertar" ou "renascimento". Suscitado pelo contato de pensadores árabes com ideais revolucionários ocidentais, o al-Nahda marcou o início da modernização do mundo árabe, ou melhor, da vontade de modernizá-lo. Basicamente falando, o mundo árabe reconheceu a superioridade socioeconômica e política dos países parlamentaristas. Como resultado de suas reflexões sobre as conquistas do Velho Continente, os árabes quiseram criar uma modernidade em moldes islâmicos nos novos países árabes que iam surgindo da desintegração do Império Otomano, numa emulação da cultura política do Ocidente.[102] Era uma época em que a criação do Estado nacional exercia forte encanto sobre muçulmanos progressistas.

Os adeptos do salafismo, portanto, sempre procuraram modernizar o mundo árabe e identificaram no Império Otomano a principal causa do fracasso dos árabes de se desenvolver tanto quanto a Europa. Para superar esse obstáculo, os guardiões da doutrina salafista conclamavam todos os muçulmanos a empenhar-se num esforço de retorno à pureza religiosa, de volta às origens do Islã e aos ensinamentos do Profeta. Em suma, os expoentes do salafismo enfatizavam a necessidade de os fiéis se religarem às suas raízes como forma de criarem uma identidade árabe, que por sua vez lhes daria a força necessária para que conquistassem sua independência do jugo do Império Otomano. Era, basicamente, um processo de purificação espiritual, de limpeza íntima, após séculos de dominação política e econômica.

No entanto, próximo ao fim do século 19, a traição por parte das potências europeias, cuja contribuição para a modernidade do mundo árabe veio na forma de colonização brutal, transformou o salafismo num movimento de revivescimento do puritanismo religioso. O objetivo central do salafismo moderno ainda é o de purificação do Islã; agora, porém, é também o de expurgar-se da contaminação da corrupção e livrar-se da estagnação provocada pela colonização europeia. Portanto, foram as potências europeias, e não o Império Otomano, que passaram a ser os culpados pelo declínio do mundo árabe; daí, a rejeição do modelo de Estado nacional e da modernidade europeia.

Foi nessa conjuntura religiosa e filosófica que, na década de 1950, Sayyid al-Qutb reformulou o conceito de *Tawhid*,[103] da unidade divina e absoluta de Deus, dando-lhe uma identidade política diferente. "Deus é a fonte do poder", escreveu Qutb na cadeia egípcia em que Nasser o encarcerou, "e não o povo, partidos políticos, tampouco o ser humano".[104] Esse conceito, conhecido como *al hakimiyya lil-llah* (o princípio do governo de Deus), projeta um Islã político e, na visão do exegeta, o único modelo de governo vitorioso possível (o Califado) no centro da arena política, cujas fronteiras são rigorosamente delimitadas pela interpretação dos ensinamentos do Profeta, e não por formas modernas de governo, tais como os democráticos ou socialistas.

Nesse sentido, a mensagem de al-Qutb é a apologia do rompimento total com a política de estilo ocidental esposada por Nasser e, ao mesmo tempo, uma exortação para se expurgar o mundo islâmico de qualquer influência externa, religiosa ou secular. Qualquer desvio do princípio de governo por mandato divino, afirma al-Qutb, é um ato de apostasia (*riddah*).

Embora a acusação de apostasia (*takfir*) seja, em sua origem, um conceito religioso, ela foi transformada, ao longo da história do Islã, numa poderosa arma política. Ela permitiu que al-Qutb, um cidadão de origem árabe, desafiasse a legitimidade política de Nasser, outro árabe, pintando-o aos olhos de seus correligionários muçulmanos como um infiel do mesmo estofo dos colonizadores do Ocidente. Nas disputas pelo poder no mundo islâmico, a acusação de apostasia é algo comum. A primeira delas, provocada por uma *takfir*, foi travada logo depois da morte do Profeta, durante o reinado do califa Abu Bakr (632-34), e é a gênese do cisma entre sunitas e xiitas.[105]

Ao longo dos séculos, tanto sunitas quanto xiitas usaram o conceito de *takfir* para se excluírem mutuamente do controle do poder. Tal como veremos no capítulo seguinte, em tempos recentes tanto al-Zarqawi quanto al-Baghdadi usaram o artifício da *takfir* para legitimar suas guerras genocidas contra os xiitas, que eles consideram estreita e permanentemente ligados a potências estrangeiras.

Capítulo 7

Os Novos Mongóis

Em junho de 2014, a sociedade global ficou chocada e indignada com a notícia de que, após ter conquistado Mossul, o exército do Estado Islâmico direcionou seus ataques para mulheres e crianças xiitas de povoados próximos. Com o emprego de metralhadoras, eles mataram centenas de inocentes, jogando depois seus corpos em covas coletivas. Eles saquearam casas de xiitas e confiscaram suas propriedades. Na cidade de Tal Afar, por exemplo, os guerreiros de al-Baghdadi confiscaram 4 mil casas como "espólio de guerra".[106] Como se não bastasse, bombardearam e incendiaram santuários e mesquitas com o objetivo de eliminar todo sinal da presença de xiitas em seu território. Esse tipo de destruição foi repetido em todos os cantos do Califado visando o expurgo religioso que muitos acreditam seja fruto de uma interpretação sumamente radical das exigências do salafismo.

Tal como veremos, contudo, a sangrenta guerra civil que o Estado Islâmico iniciou por motivos religiosos tem menos a ver com a doutrina radical do salafismo e mais a ver com uma estratégia para conquistar o controle da insurgência, estratégia que al-Zarqawi engendrou em 2003, logo depois que as forças da coalizão invadiram o Iraque.

Independentemente dos objetivos desses atos hediondos, a palavra genocídio parece muito apropriada para descrever o que vem acontecendo nos últimos anos na Síria e, desde o começo do verão de 2014, no Iraque. Aliás, atualmente, ser xiita ou membro de uma seita aparentada, tal como a dos sírios alauítas, é quase a mesma coisa que ter sido judeu na Alemanha nazista. Seguindo os passos de al-Zarqawi, o Estado Islâmico parece inclinado a erradicar a população xiita do Califado por quaisquer meios possíveis, incluindo o extermínio.

Em meio a esse estado de coisas, muitos acreditam que o envolvimento de al-Baghdadi na Síria em 2011 não teve nada a ver com a eliminação do governo de Assad, mas foi motivado pelo desejo de realizar uma limpeza étnica, varrendo os alauítas da região destinada a tornar-se o berço do novo Califado. Aqui também temos uma semelhança com a Alemanha nazista e não podemos evitar a comparação com a ideia de pretensa supremacia da raça ariana. Enquanto Hitler justificativa o extermínio dos judeus com o cínico argumento de uma eugenia fictícia, o Estado Islâmico usa o conceito de *takfir*, apostasia, para realizar a "purificação" religiosa no mundo islâmico. Para seus integrantes, os xiitas e os sectários de todos os credos, exceto os do salafismo, são hereges, culpados do cometimento de um pecado tão grave que cumpre expungi-los da face da Terra.

Antes de investigarmos os verdadeiros motivos desse genocídio, é imperioso entendermos o poder que o conceito de *takfir* exerce no pensamento coletivo de xiitas e sunitas.

Al-Takfir

A gênese da *takfir* remonta ao primeiro conflito violento entre sunitas e xiitas, a Grande Fitna, a primeira guerra civil entre muçulmanos. Deflagrado em 655, um ano antes do assassinato do califa Uthman, esse conflito começou quando os seguidores de Maomé iniciaram uma disputa em torno da questão da sucessão. Uthman foi acusado de apostasia pelo aliados de Ali, que alegavam que este era descendente direto do Profeta e que, portanto, deveria ser o califa. A Grande Fitna provocou o cisma entre os xiitas, seguidores de Ali, e os sunitas, sectários de Uthman. Desde então, cada um desses ramos do Islã acusa o outro de apostasia, de *takfir*, em sua ambição para alcançar o poder.[107]

Desde o século 7, o conceito de *takfir* está solidamente vinculado a questões políticas e econômicas. Talvez pelo fato de que o Profeta era não só um líder religioso, mas político também, as fronteiras entre os domínios material e espiritual dentro do mundo islâmico tenham sido distintas desde o início. Foi por isso que o conceito de *takfir* tornou-se um instrumento, um artifício usado por políticos ostentando o verniz da veste sacerdotal. No século 8, por exemplo, Abd al-Wahhab, um pregador saudita e fundador do wahhabismo, acusou o Império Otomano de apostasia; ele alegou que o império havia se afastado da verdadeira fonte de legitimação político-religiosa, a palavra de Deus. A acusação de *takfir* por parte de Wahhab lançada contra os turcos permitiu que a Casa Real de Saud pegasse em armas contra seus governantes, os otomanos presentes na península Arábica.[108] Durante os dois séculos seguintes, a guerra de conquista envolvendo dois poderosos aliados, a Casa Real de Saud e os wahhabitas, foi travada com armas econômicas e políticas camufladas com o véu do zelo religioso.

A definição do conceito de *takfir*, tal como o de *terrorismo*, sempre foi uma tarefa delicada, passível de nos induzir a equívocos, e isso explica por que o conceito representa um poderoso instrumento nas mãos de organizações armadas muçulmanas e potências religioso-sectaristas para justificar sua reivindicação de legitimidade. Como vimos em capítulos anteriores, nas décadas de 1950 e 1960, membros da Irmandade Muçulmana reformularam-no para justificar sua oposição a Nasser, o qual acusavam de tê-los banido para o submundo da ilegalidade, ou seja, um caso de sunitas empregando o conceito de *takfir* como arma contra outros sunitas.

Originalmente, o objetivo final da *takfir* não era a excomunhão de hereges da comunidade espiritual, e muito menos seu extermínio, mas sua exclusão material da comunidade: sua remoção do sistema de direitos e privilégios sociais e da economia. Assim, eles eram expulsos do âmbito da legitimidade política. O conceito de extermínio de xiitas foi posto em prática pela primeira vez em 2003, quando al-Zarqawi desencadeou uma série de ataques suicidas contra alvos xiitas.

A Cegueira do Ocidente

A primeira missão suicida desse tipo no Iraque foi realizada em 29 de agosto de 2003, tendo como alvo a mesquita do imã Ali na cidade de Najaf. Esse acontecimento representou um marco decisivo no conflito iraquiano, abrindo uma segunda frente de combate contra a população xiita. As razões do ataque já tinham sido explicadas por uma campanha de propaganda ideológica meses antes e o atentado foi bancado por importantes participantes sunitas do conflito na região, incluindo a Arábia Saudita e várias oligarquias dos países do golfo Pérsico. Os xiitas iraquianos foram acusados de terem forjado alianças com potências estrangeiras em busca de uma mudança de regime no Iraque, ações que os salafistas classificaram como *mukaffir*, ou motivos para lançar contra eles uma *takfir*.

Com o emprego de uma retórica apocalíptica, traçou-se um paralelo entre a iminente invasão do Iraque e a invasão dos mongóis no século 13. Imagens de mongóis e tártaros saqueando a esplêndida cidade de Bagdá em 1258 são, para os sunitas iraquianos, evocativas de lembranças vergonhosas.[109]

A FÊNIX ISLAMISTA **113**

Logo depois da queda de Saddam Hussein, foi publicada na internet uma vasta literatura sobre a nova invasão dos mongóis modernos. Por meio da revista virtual *Bashaer*, os leitores souberam que, antes de terem chegado a Bagdá, os antigos mongóis haviam alcançado o Império Corasmo (existente outrora no território dos atuais Uzbequistão e Turcomenistão), assim como forças de coalizão tinham atacado o Afeganistão antes de invadirem o Iraque.[110] Mongóis e tártaros formaram uma aliança para guerrear contra Bagdá, tal como os Estados Unidos e o Reino Unido fizeram alguns anos atrás. Em ambas as circunstâncias, Bagdá foi atacada a partir do Leste e do Oeste, caindo num cerco que durou vinte e um dias. A superioridade militar dos invasores era enorme, e as pessoas ficaram com tanto medo que não rezaram na primeira sexta-feira após o início do ataque. No século 13, tal como no Iraque contemporâneo, a rivalidade entre xiitas e sunitas enfraqueceu o poder central. Mongóis e tártaros avançaram sobre o inimigo com exércitos de mercenários e saquearam a cidade; as forças da coalizão ficaram apenas observando enquanto seus aliados iraquianos pilhavam bibliotecas e instituições culturais e matavam mulheres e crianças.

A analogia traçada pela *Bashaer* acaba com a previsão tirada do desfecho histórico da invasão mongólica: dois anos após a pilhagem de Bagdá, os exércitos sírio e egípcio, junto com grupos de voluntários árabes, derrotaram os mongóis e os tártaros em Ain Jalut. "Temos certeza de que Deus punirá os Estados Unidos de uma vez por todas", conclui o editorial. "Quando será a nova Batalha de Ain Jalut?"[111] Hoje, o Estado Islâmico está criando seu próprio Califado, tendo lançado sua ofensiva a partir da Síria. Ele espera, com isso, criar condições para uma Ain Jalut contemporânea.

No verão de 2003, al-Zarqawi usou a analogia da invasão mongol para justificar sua ofensiva contra os xiitas. Conforme explicação de al-Zarqawi, Ibn al-Alqami, vizir xiita da antiga Bagdá, tinha ajudado os mongóis na conquista da cidade, exortando seus seguidores a fazerem o mesmo.[112] Numa atitude semelhante, os xiitas haviam conspirado com os americanos e colaborado com eles na invasão do Iraque. Essa foi a primeira vez que rivalidades religioso-sectaristas internas entre sunitas e xiitas vieram à tona na insurgência iraquiana.

O ataque em Najaf, que assinalou o início da luta direta de al-Zarqawi contra os xiitas iraquianos, representa a primeira manifestação do conflito entre sunitas e xiitas, uma guerra civil que o Estado Islâmico continua a levar adiante. Conforme explicado por al-Zarqawi a bin Laden numa intensa troca de correspondências entre os dois de 2003 a 2005, a *fitna* contra os xiitas era apenas uma estratégia para impedir a formação de uma frente unificada secular contra as forças de coalizão da qual os jihadistas seriam excluídos, semelhante à que, décadas antes, tinha comandado a luta do Iraque pela independência a partir de centros de militância no Reino Unido.[113]

Contudo, em 2003, as forças de coalizão não haviam percebido as sérias consequências de uma guerra entre sunitas e xiitas — uma negligência grave. Na época, os motivos do bombardeio pareciam incompreensíveis e seus perpetradores eram desconhecidos. No verão desse ano, as forças de coalizão estavam combatendo a milícia de Sadr — considerada a principal força de oposição no Iraque. Então, o grupo de insurgentes sunitas, composto principalmente pelos remanescentes do partido Baath e por nacionalistas muçulmanos, não representava uma grande ameaça. No entanto, um exame mais atento da forma pela qual os radicais islâmicos tinham avançado no Iraque durante as sanções econômicas teria fornecido indícios da gestação de uma importante guerra civil e religiosa, com a possibilidade de desestabilização do mundo islâmico inteiro.[114]

O Ocidente não prestara atenção na onda de mudanças profundas que varreu o Iraque durante as sanções econômicas impostas ao país pela comunidade internacional na década de 1990. Sob o patrocínio de Saddam Hussein, os adeptos do moderno salafismo tinham assumido o controle do poder em todo o Iraque e o movimento se tornou uma fonte abundante de extremismos. Com seu novo fervor religioso, o ditador iraquiano objetivava apaziguar as tribos sunitas em tempos de grandes dificuldades econômicas. Durante as sanções econômicas impostas pela ONU, a religião se tornou uma fonte de consolo para a empobrecida classe média sunita, a espinha dorsal do governo de Saddam, e o Islã, um instrumento espiritual para enfrentar o longo período de dificuldades econômicas. Ao mesmo tempo, a radicalização no Iraque ajudou Saddam a esconder os fracassos econômicos de seu regime. Por exemplo, lançando mão do artifício de proibir as mulheres de trabalharem em lugares públicos e, depois, até mesmo em casa, ele conseguiu cortar pela metade, rapidamente, os índices de desemprego.

Ao contrário das potências ocidentais, os jihadistas sabiam que, durante uma década, muitos habitantes do Triângulo Sunita vinham alimentando crenças religiosas salafistas radicais. Por isso, logo após a queda de Saddam, eles afluíram em massa para essa região, provenientes de todas as partes do Oriente Médio. Alguns deles tinham até ligações com grupos salafistas iraquianos locais, todos estabelecidos no Triângulo Sunita, em localidades como Ramadi, Falluja e Mossul, cidades que se tornaram as principais incubadoras de insurgentes sunitas jihadistas. Al-Zarqawi estava entre esses recém-chegados.

Embora as nações representadas pelas forças da coalizão tivessem praticamente ignorado as mudanças que uma década de sanções econômicas havia provocado no Iraque, essas mesmas nações ignoravam também o perigo que a proliferação de grupos jihadistas e insurgentes na Síria, financiados por patrocinadores dos países do Golfo, significava para toda a região. Com uma atitude comodista, o Ocidente e o mundo desprezaram a expansão do extremismo ideológico na Síria e no Iraque, classificando-a como mero produto de fanatismo religioso.

A Justificativa do Zelo Religioso

É surreal o fato de que as potências ocidentais tenham acreditado que aquilo que está acontecendo no Oriente Médio é uma guerra religiosa motivada por uma rixa nascida na Arábia no século 7. Aliás, em conflitos semelhantes travados por cristãos, foram raros os casos em que a religião foi mais do que um simples pretexto para a consecução de interesses políticos. Na Europa do século 15, a apostasia era um crime que exigia a macabra punição da morte nas chamas da fogueira. A Europa ardia com o fogo infernal dos autos de fé, onde os condenados eram queimados vivos em nome de Deus. Hoje, o Califado usa a decapitação e a crucificação de modo semelhante.

O maior perigo enfrentado pela Europa do século 15 era a possibilidade de uma guerra civil entre católicos e protestantes, um conflito travado por motivos religiosos, mas com raízes em ferozes disputas pelo poder no Velho Continente. Atualmente, a acusação de apostasia, ou *takfir*, contra a população xiita tem por objetivo provocar uma guerra civil (*fitna*), justamente dessa espécie, no Iraque, na Síria e além — ou seja, uma guerra que, à primeira vista, parece motivada por questões religiosas, em que interesses políticos e econômicos jazem ocultos. Porém, assim como na Europa do século 15, os verdadeiros motivos são políticos e econômicos e suas raízes estão na disputa pelo poder de controlar a região inteira.

O Califado sabe muito bem que, para criar um novo Estado e conquistar legitimidade por meio da aprovação consensual e cooperação de sua população, é necessário realizar muito mais do que uma elegante e sedutora campanha de propaganda religiosa pelas redes sociais. Sabe que livrar seu território da presença de xiitas proporcionará muitas vantagens para a criação de um Estado, como as do apoio das populações sunitas locais, a geração de uma população mais homogênea, com menos oportunidades para sectarismo religioso, e a liberação de recursos para oferecê-los como despojos de guerra a combatentes. Em suma, o extermínio de xiitas facilita as coisas para os líderes do Califado tanto econômica quanto politicamente e, ao mesmo tempo, satisfaz um desejo de vingança profundamente arraigado entre os sunitas, fato que contribui para a geração de cooperação interna e lealdade aos dirigentes do novo país.

Essa guerra, portanto, longe de refletir uma missão religiosa, é na verdade uma estratégia política executada por uma liderança muito pragmática. Ao contrário do Talibã ou dos nazistas, o Estado Islâmico demonstra flexibilidade: os desejosos de se converterem são bem-vindos ao novo país, enquanto os que têm condições de pagar o *jizyah*, um imposto relacionado com sua heresia, podem partir sem problemas. O Califado se mostra até disposto a entregar reféns a potências estrangeiras mediante pagamentos de resgate.

Esse pragmatismo decorre da árdua tarefa envolvida na criação de uma nação, a qual é a grande prioridade do Estado Islâmico. A vitoriosa governança de regiões flageladas por décadas de guerras exige de seus militantes a total reconstrução de todas as infraestruturas socioeconômicas, mantendo interesses árabes estrangeiros a distância enquanto prosseguem com sua guerra de conquista. Mais do que um pretexto de fundo religioso, aquilo de que mais precisam é uma canalização grande e constante de recursos financeiros.

O Estado Islâmico superou a condição de simples mito desfrutada por grupos jihadistas anteriores e seus instrumentos de retórica vazia. Demonstrou pragmatismo e senso de modernidade ao desenvolver estratégias exigidas pela concretização de seu ambicioso sonho de criação de um novo Estado. Ele privatizou o negócio das atividades terroristas muito rapidamente, ganhando independência dos interesses e das ambições de seus patrocinadores e estabelecendo um sistema econômico não totalmente dependente de operações de guerra. Criou também parcerias com tribos sunitas locais para esmagar oposições e compartilhar receitas geradas pela exploração de recursos naturais fundamentais. Por incrível que pareça, é uma organização que vem agindo com prudência e até com brilhantismo — algo que não podemos dizer a respeito de Assad ou de seu governo maliquista.

Capítulo 8

Guerras Medievais Contemporâneas

Desde junho de 2014, líderes mundiais vêm combatendo o poder crescente do Estado Islâmico. Nós os vimos apresentar planos carregados de termos novos e originais a seus eleitores. E o EI reagiu — às vezes, com atos de barbaridade, tais como o da decapitação de James Foley e Steven Sotloff, e, outras, com declarações feitas por membros europeus da organização e por reféns, como John Cantlie.[115]

Como é possível que um grupo armado, quase desconhecido apenas três anos atrás, acabou tendo condições de desafiar as maiores potências mundiais? E não apenas militarmente, nos campos de batalha da Síria e do Iraque, mas ideologicamente também, usando todos os meios de comunicação modernos?

A resposta está no gradual descalabro dos Estados nacionais formados pela Síria e pelo Iraque. Despojados das funções de representantes de suas populações, os governos dessas nações retrocederam, junto com seus tutelados, para a condição de habitantes de enclaves medievais.

A Desencarnação das Nações Árabes

Na Síria, a reação suscitada pela Primavera Árabe foi violenta e, em meio à indiferença do mundo, esboroou-se um sonho de democracia.

Ela foi brilhantemente resumida por Ali Khedery, que trabalhou como assessor especial de cinco embaixadores americanos no Iraque e como principal consultor de três chefes do Comando Central Militar dos EUA (CENTCOM, na sigla em inglês) de 2003 a 2010. "Oprimidos pelo exército e pelos serviços secretos de Assad, pelo grupo libanês Hezbollah, pelas milícias islâmicas xiitas do Iraque e por seu grande patrocinador, os Guardas Revolucionários do Irã, no início os pacíficos manifestantes sírios logo se desencantaram, se desiludiram e perderam direitos — e depois radicalizaram e se tornaram militantes violentos."[116]

Frentes de combate de militantes religioso-sectaristas surgiram de um dia para outro e manifestações pacíficas se transformaram em guerra civil, que por sua vez degenerou em guerra por procuração, com vários países do Golfo financiando seus próprios grupos armados sunitas em busca de vingança contra o Irã, o principal inimigo xiita dos insurgentes, e contra Assad, o aliado árabe de Teerã. Muitas das regras de guerra internacionais foram infringidas, incluindo proibições no emprego de armas químicas contra civis, e os mais ricos palacetes de Alepo, saqueados. Num piscar de olhos, uma nação do século 21 foi dividida por um conflito aparentemente insolúvel.

No Iraque, Nuri al-Maliki, ignorando promessas de dividir o poder com outros grupos políticos, consolidou-o com uma campanha de sectarismo religioso objetivando destruir seus rivais. Ele tentou prender o vice-presidente, Tariq al-Hashimi, que era "apoiado pelo Irã e armado com Humvees [jipe militar de chassi largo, moderno e robusto], [fuzis de assalto] M-16 e blindados M1A1, fabricados pelos americanos".[117] O mesmo martírio estava reservado a um segundo eminente rival sunita, o ministro das Finanças Rafea al-Essawi, que abandonou a política e fugiu para o bastião de sua tribo na província iraquiana de Anbar.[118]

"Diante de agitações em massa, os conselhos das províncias árabes sunitas do Iraque aprovaram por votação a criação de um governo semiautônomo semelhante ao da região vizinha do Curdistão. Maliki bloqueou a realização de um referendo lançando mão de artifícios burocráticos, violando a Constituição do Iraque. Isso provocou a eclosão de uma série de manifestações de desobediência civil em províncias sunitas, já que milhões de iraquianos viram, mais uma vez, que não tinham vez no sucesso do Iraque — mas apenas em seu fracasso. Alegando que informações colhidas por agentes secretos indicavam que a Al-Qaeda tinha se infiltrado nos centros de manifestações de protesto, Maliki os esmagou com uma força letal. Em abril de 2013, várias dezenas de pessoas morreram durante uma investida militar iraquiana em Hawija, inflamando ainda mais as já acirradas tensões religiosas."[119]

Dois dirigentes xiitas, Assad apoiado pela Rússia e al-Maliki pelo Ocidente, em flagrante atitude de abuso do poder, reprimiram com violência o povo, clamando pela criação de uma verdadeira democracia. Ambos os dirigentes descumpriram suas promessas de outrora. Elevado ao poder após a morte de seu pai, Assad tinha alimentado as esperanças das massas com a promessa de reformas democráticas. De modo semelhante, al-Maliki se comprometera a governar de acordo com a Constituição e presidir o primeiro governo democrático do Iraque.

A situação no Iraque é idêntica à da Síria, mergulhando igualmente o primeiro no abismo de um retrocesso para uma era medieval. Mas Damasco está alguns anos na frente nesse processo deprimente; já a desintegração do Estado iraquiano apenas começou. E o Estado Islâmico demonstrou uma compreensão extraordinária das semelhanças entre os países, explorando-as com um oportunismo notável.

O Ocidente e o mundo lidarão com o Iraque de uma forma diferente daquela com a qual enfrentaram o problema na Síria, mormente agora que o Estado Islâmico proclamou a instituição do Califado? É uma pergunta que ninguém sabe responder. No passado, nem os Estados

Unidos nem a Europa conseguiram achar uma fórmula para suplantar o veto da Rússia e da China a qualquer intervenção militar na Síria. Conquanto todos saibam que Assad garante o acesso da frota russa ao Mediterrâneo, a relutância da China origina-se do modo canhestro com que europeus e americanos lidaram com a mudança de regime na Líbia, deixando na esteira de suas ações um país com desequilíbrios profundos. E depois das mentiras que Bush e Blair usaram para justificar a invasão do Iraque e do alto preço pago pelas forças da coalizão, o Ocidente não se sente inclinado a tomar medidas precipitadas para derrubar outro ditador árabe.

A atual política de contenção da insurgência expansionista na Síria pode revelar-se insuficiente quando as forças envolvidas na operação tiverem que enfrentar uma organização armada que se metamorfoseou num Estado. Aliás, o tipo de ameaça que o Estado Islâmico representa é muito diferente do representado por conflitos em áreas em que o Estado moderno desmoronou.

A Terceira Guerra Mundial

No verão de 2014, o papa Francisco declarou que a Terceira Guerra Mundial já havia começado, espalhando-se pelos céus e pelas terras do globo como um deletério miasma de conflitos, embora quase nada parecido com as duas guerras mundiais do século 20. Ao contrário, esses conflitos mais se parecem com guerras medievais, empreendidas não por Estados soberanos, mas por líderes militares, terroristas, milícias e mercenários, cujo maior objetivo é a conquista territorial com o objetivo de explorar povos e seus recursos naturais. Nenhuma dessas guerras é travada para criar Estados nacionais.

Em nenhum desses conflitos existem trincheiras, campos de batalha e nem sequer a observância ou o respeito a regras de guerra internacionais que, até certo ponto, estabeleciam códigos de conduta e limites ao comportamento de seus combatentes. A Convenção de Genebra foi atirada na lata de lixo. As partes envolvidas nesses vários conflitos são culpadas de cometer excessos graves, entre os quais o de violência por intolerância religiosa, de destruição injustificável e até de genocídio. Nesses embates, até mesmo exércitos regulares se comportam como milícias. Na Nigéria, a Anistia Internacional filmou soldados nigerianos e membros da milícia civil, denominada Força-Tarefa Conjunta, degolando prisioneiros suspeitos de serem integrantes da infame milícia islâmica de Boko Haram e atirando os corpos decapitados em covas coletivas.[120]

Da Nigéria à Síria, do Sahel ao Afeganistão, a maior parte das vítimas dessa nova guerra é formada por civis. Na Nigéria, de acordo com estimativas da Anistia Internacional, 4.000 pessoas, a maioria civis, foram mortas em ataques realizados por Boko Haram e pelo exército nigeriano no ano passado. Na Síria, mais de 1 milhão de pessoas foram desalojadas e outras 200.000 assassinadas desde o início da guerra civil.

Deparamos com estatísticas semelhantes em nações que vivem à margem da União Europeia. Segundo estimativas da ONU, de abril a agosto de 2014, 1.129 civis morreram em violentos conflitos entre o Exército Insurgente da Ucrânia e milícias separatistas pró-Rússia. Outros relatórios extraoficiais apresentam estatísticas com números muito maiores.

O que estamos testemunhando são conflitos medievais cujos combatentes se utilizam de tecnologia moderna, uma combinação mortal que provoca um número de baixas muitíssimo maior entre populações civis. Um exemplo notável é a derrubada de um avião da Malaysian Airlines em julho de 2014 no espaço aéreo ucraniano.

124 LORETTA NAPOLEONI

Mary Kaldor, professora da London School of Economics e autora de *New and Old Wars: Organized Violence in a Global Era*,[121] disse em seus escritos que a globalização precipita algumas regiões num abismo de situações anárquicas semelhantes às presentes na famosa conceituação do filósofo Thomas Hobbes em seu estado de natureza: "A situação do homem fora de uma sociedade civil (condição que podemos chamar com propriedade de estado de natureza) é simplesmente a de uma guerra de todos contra todos [...] num ambiente de medo constante e perigo de morte violenta." A vida antes da existência das sociedades civis era "detestável, brutal e curta". Essas são as condições para as quais partes da Síria e do Iraque regrediram nos dias atuais.

A globalização minou a estabilidade de alguns governos autoritários, de regiões que vão da Líbia à Síria, ao Iraque e além, tornando-as conscientes das condições políticas em que elas vivem. A queda de Kadafi, em 2011, gerou um vazio político que milícias tribais rivais — cujos tipos variam de grupos liberais a muçulmanos de linha dura — preencheram com ações violentas. As reações violentas às consequências da Primavera Árabe na Síria e da insurgência dos sunitas iraquianos criaram um vazio semelhante. O objetivo comum dos muitos grupos armados que o preencheram é a conquista do poder político e econômico com fins exploratórios. Esses grupos não têm nenhuma intenção de criar um Estado democrático, tampouco uma nova nação norteados pelo sentido moderno do termo. Ao contrário, para eles a anarquia é o melhor ambiente para a pilhagem de recursos e a exploração dos povos.

A globalização levou prosperidade a algumas regiões do globo, tais como a China e o Brasil, e pobreza a muitas outras, como é o caso do Oriente Médio e de partes da África. A crise do Estado na África está relacionada tanto ao problema das mudanças climáticas quanto à corrida dos países ricos para se apoderarem dos recursos naturais do continente. No Oriente Médio, outros fenômenos contribuíram para esse empobrecimento. No Iraque, por exemplo, uma década de sanções econômicas transformou a nação com o mais alto nível de educação do mundo árabe num país em que as mulheres não têm o direito de trabalhar. O processo de regressão para uma sociedade medieval seguiu lado a lado com o empobrecimento da nação.

A mortífera combinação de globalização e empobrecimento crescente provocou um estado de insegurança generalizado e fomentou conflitos armados entre tribos rivais sob as bandeiras ideológicas do sectarismo político e religioso. Era inevitável que os conflitos se tornassem multipolares. No Mali, separatistas tuaregues e facções islâmicas estão lutando entre si e, ao mesmo tempo, contra o governo; na República Centro-Africana, milícias muçulmanas e cristãs se digladiam numa guerra sangrenta, conflito que corre o risco de se transformar em genocídio, enquanto membros do Exército Nacional assumem posições de acordo com suas crenças; na África Ocidental, a Al-Qaeda prossegue com suas atividades em quase toda a região do Magrebe.

Ações de uma violência brutal são a marca de todos esses conflitos — na maioria dos casos, registradas em vídeo. O exemplo mais notável é o assassinato do jornalista americano James Foley pelo Estado Islâmico; as imagens de sua decapitação chegaram rapidamente ao circuito de propagação das redes sociais.

Todavia, seria equivocado classificar a guerra de conquista do Califado na Síria e no Iraque na mesma categoria dos conflitos medievais descritos anteriormente. Porquanto, embora a guerra de conquista que o EI está empreendendo seja parte da Terceira Guerra Mundial aventada pelo papa Francisco, ela difere em suas características fundamentais do conflito medieval contemporâneo travado por outros grupos armados.

Reformulando o Conceito de Estado Moderno

O Estado Islâmico comunga na mesma paróquia de objetivos ambiciosos dos fundadores do Estado-nação europeu, concatenando esforços na busca desses objetivos de uma forma avançada e contemporânea. Assim como o de Israel, o conceito de Estado nacional do EI é etnorreligioso, e não exclusivamente étnico. Ele tenta, ademais, satisfazer todas as exigências do Estado moderno: posse de um território próprio, soberania (por enquanto reconhecida apenas internamente), legitimidade e sistema burocrático. Em vez de se contentar com pequenos enclaves, ele se empenha na criação de uma versão do século 21 do antigo Califado e repele a ideia de que os povos conquistados vivam em estado de permanente anarquia. Ao contrário, nos territórios conquistados pelo EI, uma das primeiras tarefas que ele realiza é a imposição da xariá.

O Califado considera a manutenção da lei e da ordem uma responsabilidade sua e executa ele mesmo essa tarefa, ainda que de uma forma rudimentar e grosseira. O Califado se responsabiliza também pela proteção das áreas sob seu comando contra ataques inimigos. Desse modo, o Estado Islâmico assume também a tarefa de cuidar da segurança nacional. A manutenção da lei e da ordem e da segurança nacional são duas características fundamentais que distinguem o Estado moderno de enclaves medievais administrados por comandantes militares e nobres. Outro importante elemento diferencial é a aprovação e o apoio aos governantes por parte da população, aquilo que Rousseau denominou contrato social, o verdadeiro instrumento de legitimação do Estado.

Não há dúvida de que o Estado Islâmico tenciona estabelecer um clima de consenso e colaboração nacional por todos os meios possíveis. Ao contrário de outros grupos armados, ele está usando, por exemplo, as receitas obtidas com a exploração de recursos naturais estratégicos, como os de poços de petróleo e hidrelétricas, não apenas para financiar uma guerra de conquista, mas também para reconstruir a infraestrutura socioeconômica dentro do Califado.

Sofisticados meios de propaganda são empregados para promover a imagem de uma nação de verdade, legitimada pela população muçulmana, e não apenas em âmbito local, mas internacionalmente também. Bakr al-Baghdadi é apresentado à comunidade global de muçulmanos, a Umma, como o novo califa, um descendente do profeta Maomé. O Califado dissemina entre os povos visados por seus interesses imagens de que possui um exército regular, uma força muito diferente dos bandos armados da Al-Qaeda ou de Boko Haram, um exército que está travando combates tradicionais, em campos de batalha e trincheiras, usando armas modernas (talvez por ironia do destino, a maior parte delas de origem americana ou russa, roubada dos exércitos iraquianos e sírio, respectivamente). Ele faz recrutamento internacional de combatentes com sofisticados instrumentos de propaganda: seus soldados estrangeiros vêm da Europa, dos Estados Unidos, da Ásia, do Norte da África, da Austrália e até da Nova Zelândia. Embora esteja empenhado num expurgo religioso, o Califado exerce também uma função missionária proselitista sobre os povos e oferece a qualquer um a oportunidade de se converter ao salafismo sunita e, assim, tornar-se seu cidadão. Os que se recusam e não conseguem fugir são executados. Ele negocia com potências estrangeiras, porém, a libertação de reféns, dando mostras de um pragmatismo jamais demonstrado pela Al-Qaeda.

Um dos aspectos em que o Estado Islâmico difere das características do Estado nacional moderno está no meio usado por ele para realizar a tarefa dessa construção geográfica e política: o terrorismo. Conquanto, todavia, as revoluções sejam consideradas uma forma aceitável de legitimação do Estado moderno, o terrorismo não o é.

Em meio à crise existencial das modernas democracias num mundo multipolar e atolado no tremedal da desestabilização dos países do Oriente Médio, tendo como pano de fundo uma Terceira Guerra Mundial semelhante aos conflitos medievais, o grande desafio que o Estado Islâmico tem pela frente está em seus nascentes esforços de criação de uma nação. Independentemente da hipótese de que o Califado conseguirá ou não se estabelecer com um novo Estado nacional a curto prazo, o novo modelo que ele vem tentando consolidar inspirará, inevitavelmente, outros grupos armados. O fracasso do Ocidente e do restante do mundo no enfrentamento desse problema terá consequências devastadoras para a ordem mundial.

EPÍLOGO

Durante a elaboração deste livro, enquanto o Estado Islâmico incendiava o Oriente Médio, a Revolução dos Guarda-Chuvas — mais um levante de jovens clamando por democracia — paralisou Hong Kong. Esses acontecimentos teriam algum tipo de relação entre si? E qual seria a ligação entre a Primavera Árabe e uma organização terrorista brutal que conseguiu se metamorfosear num Estado e está redesenhando com sangue o mapa do Oriente Médio?

Os levantes em prol da democracia na última década e o advento do Estado Islâmico são ambos produtos da desordem provocada pelo mundo multipolar atual, um fenômeno que vem ganhando forma desde o fim da Guerra Fria. A Primavera Árabe e o Estado Islâmico, principalmente, são faces diferentes da mesma moeda, duas respostas ao mesmo problema: o de governos corruptos do Oriente Médio. Por que os elementos deste último movimento foram bem-sucedidos onde os do primeiro fracassaram?

Como vimos páginas atrás, o Estado Islâmico representa não apenas uma nova espécie de terrorismo, mas também um fenômeno genuinamente moderno. Seria isso a principal causa de seu sucesso? Talvez. Pois enquanto o Ocidente e seus aliados muçulmanos se recusam a reconhecer o advento de um novo cenário político internacional, o Estado Islâmico não apenas se adaptou a essa situação, mas também a explorou de todas as formas possíveis.

O surgimento de um sistema de poder multipolar, onde o poderio dos Estados Unidos é mantido dentro de certos limites pela ascensão de potências d'além-mar, como a China, tornou velhos modelos de política externa obsoletos. Tanto que a intervenção do Ocidente na Síria por decisão das Nações Unidas continua improvável, por causa da oposição da China e da Rússia. Porém, mesmo com a aparente legitimidade da grande coalizão organizada pelo presidente Obama, medidas intervencionistas contra os domínios do Estado Islâmico ficarão restritas ao Iraque e limitadas a bombardeios aéreos, como operações de apoio a soldados locais. Em outras palavras, a coalizão apoiará qualquer um disposto a combater o Estado Islâmico por terra, ampliando assim o gigantesco raio de ação da moderna guerra por procuração. Com esse método de enfrentamento do problema, as nações coligadas correm o risco de incentivar outros grupos a seguirem o caminho do Estado Islâmico e a usarem as armas e o dinheiro fornecidos por seus patrocinadores para criar seus próprios Estados nacionais, desestabilizando ainda mais o Oriente Médio.

A decisão de americanos e europeus de armarem os Peshmerga e o Partido dos Trabalhadores do Curdistão (PKK), que ainda constam em suas listas oficiais como organizações terroristas, já reconfigurou as linhas das frentes de batalha na luta por um Curdistão independente na Turquia, uma nação em que 20 por cento da população são de origem curda. Já ocorreu, portanto, uma série de violentos conflitos entre curdos e turcos em várias cidades turcas e foram organizadas manifestações em favor de um Curdistão independente em toda a Europa. Em meio a essas manifestações, houve uma breve ocupação do Parlamento de um país europeu.

Enquanto isso, o problema da intervenção militar continua a deixar perplexos os responsáveis pelas ações das forças da coalizão. Porquanto bombardeios aéreos parecem insuficientes para deter o avanço do exército do Estado Islâmico; por isso, a questão da conveniência ou não de se voltar a empregar forças terrestres no Iraque pode retornar em breve à mesa de debates. Todavia, independentemente do resultado, está claro que a intervenção estrangeira não conterá o processo de desestabilização da região — ela nunca conseguiu fazer isso e jamais conseguirá — e que é urgente a necessidade de se adotar uma forma nova e mais pragmática de enfrentamento do problema para se evitar mais mortes e destruição. Os elaboradores desse novo método de ação devem levar em conta a necessidade de se reconhecer a existência de uma nova potência na região e o fato de que guerras por procuração são uma estratégia cujos resultados estão fadados a voltar sobre seus próprios engendradores. Portanto, eles devem procurar lidar com essa nova potência usando instrumentos outros que não a própria guerra.

O surgimento desse sistema de poder multipolar suscitou novas oportunidades para os que entendem as novas regras do jogo. Vimos os artifícios usados pelo Estado Islâmico para explorar a guerra por procuração na Síria em benefício próprio e que ele está patenteando aos olhares críticos do mundo, empregando sua poderosa máquina de propaganda, as contradições surreais da grande coalizão de Obama.

Além de adestrar-se no manejo das modernas armas políticas, o Estado Islâmico especializou-se no uso de tecnologias modernas para fazer proselitismo, recrutar novos combatentes e levantar recursos financeiros. Isso é um claro sinal de modernidade. Os sucessos de construção nacional de suas campanhas digitais são um clássico exemplo do poder dos meios de comunicação. Já não se pode dizer o mesmo dos vários movimentos de protesto em prol da democracia na década passada.

Os intensos protestos eleitorais no Irã em 2009 foram incentivados pelo Twitter por iranianos descontentes. Em 2011, os participantes da Primavera Árabe usaram o Facebook para mostrar ao mundo o que estava acontecendo no Cairo. Um ano depois, militantes do movimento internacional Occupy (inspirado no Occupy Wall Street) divulgaram suas manifestações de indignação pelo YouTube. Atualmente, em Hong Kong, participantes da Revolução dos Guarda-Chuvas estão usando o Bluetooth para contornar a censura na internet. Contudo, nenhum desses movimentos gerou mudanças políticas, econômicas e sociais da magnitude das alcançadas pelo Estado Islâmico.

Porém, a tecnologia moderna e uma clara compreensão do funcionamento de nosso mundo multipolar não são suficientes para se lograr sucesso na busca por mudanças. Será que os "levantes via celulares", incluindo a Primavera Árabe, fracassaram onde o Estado Islâmico foi bem-sucedido porque este último é administrado por uma elite de profissionais qualificados, que guia as bases da organização, enquanto os primeiros vivem sob o império da eterna compulsão de se correlacionar e participar de redes sociais? Se esse é o caso, o modelo de criação de Estados nacionais do Estado Islâmico é mais moderno que o visionado pelos insurgentes da Primavera Árabe? São perguntas aterradoras cujas respostas democracias e Estados legítimos devem tratar de obter, se quiserem impedir a proliferação de uma nova onda de autoritarismo.

Existe uma terceira via para a solução desses problemas, além das representadas pelos malogrados esforços da Primavera Árabe e pelos sucessos do Estado Islâmico? Sim, existe e ela envolve educação, conhecimento e compreensão do instável ambiente político em que vivemos — os mesmos instrumentos usados no passado para gerar mudanças políticas sem derramamento de sangue, mas na conformidade maciça de opiniões e anseios, algo que tanto os jovens guerreiros armados de celulares quanto os políticos engravatados ainda não conseguem entender.

GLOSSÁRIO

Abu Bakr al-Baghdadi: O dirigente do EIIL e guerrilheiro autoproclamado califa do Estado Islâmico.

Abu Musab al-Zarqawi: Militante islâmico natural da Jordânia que comandou um centro de treinamento militar no país em meados da década de 1990. Ficou famoso depois que foi para o Iraque, onde foi o responsável por vários ataques a bomba na Guerra do Iraque. Morto em 2006 por forças americanas.

Alauítas: Adeptos de uma seita religiosa síria que segue uma vertente mística do islamismo xiita. Uma vez que mantiveram suas crenças sob segredo aos olhos de estranhos, não se sabe muita coisa sobre eles, que formam uma minoria considerável na Síria, com seus crentes compreendendo 12 por cento da população.

Al-Nahda: Movimento de renascimento cultural e político ocorrido durante o fim do século 19 e início do século 20 no Egito e no Oriente Médio como um todo, motivado, entre outros fatores, pelo contato dos povos da região com a Europa. É visto como um período de reforma e modernização intelectual.

Al-Qaeda: Termo que significa, literalmente, "a base", é uma organização criada, por volta de 1988, por Osama bin Laden e Abu Ubaydah al-Banshiri, o principal comandante militar de bin Laden, como uma rede para interligar os árabes que se ofereceram como voluntários para combater na jihad antissoviética. A Al-Qaeda ajudou também a financiar, recrutar e treinar extremistas islâmicos sunitas para participarem da resistência afegã. Em pouco tempo, ela se transformou numa organização de insurgentes islâmicos sunitas multiétnica e continuou ativa até muito depois da Guerra do Afeganistão. Seu principal objetivo é o estabelecimento de um Califado Pan-Islâmico em todo o mundo árabe e, por isso, ela busca obter a colaboração de outras organizações armadas islâmicas para derrubar governos considerados "não islâmicos" e expulsar ocidentais e não muçulmanos de países islâmicos. Em 1998, ela se fundiu com a Jihad Islâmica Egípcia ("al-Jihad"). Acredita-se que o número de membros da organização oscile entre várias centenas e alguns milhares de pessoas.

Al-Tawhid al-Jihad: Grupo islamista criado em 2003 em Falluja e comandado por Abu Musab al-Zarqawi. O grupo conseguiu documentos falsos para mais de uma centena de combatentes da Al-Qaeda que fugiram do Afeganistão em 2001, durante a guerra. Providenciou também para eles recursos financeiros e um esconderijo seguro (perto de Teerã), e depois organizou sua transferência do Irã para outras áreas no Oriente Médio e no Ocidente. Em 2004, o grupo declarou fidelidade a Osama bin Laden e mudou seu nome para Al-Qaeda no Iraque. O nome do grupo significa "Monoteísmo e Jihad".

Brigadas Vermelhas: As Brigadas Vermelhas (Brigate Rosse, ou BR) foram formadas em 1969, na Itália, com elementos de movimentos estudantis e operários. Eram uma organização que defendia a prática de atos de violência a serviço da luta de classes e da revolução. O grupo tinha bases e operava na Itália e os alvos de suas ações eram principalmente símbolos do *establishment*, tais como industriais, políticos e empresários.

Califa: Título do chefe muçulmano civil e líder religioso que se empenha na preservação da integridade do Estado e da crença. Os califas são considerados sucessores de Maomé. O termo deriva da palavra árabe *khalifa*, que significa "sucessor". "Califa" era também o título honorífico adotado pelos sultões otomanos no século 16, depois que o sultão Maomé II conquistou a Síria e a Palestina, tornou o Egito um satélite do Império Otomano e foi reconhecido como o guardião das cidades sagradas de Meca e Medina.

Califado: O domínio territorial ou o governo do califa e sua duração.

Corão ou Alcorão: A escritura sagrada do Islã.

Cruzadas: Uma série de campanhas militares empreendidas por exércitos cristãos da Europa Ocidental para a reconquista da Terra Santa, tirando-a do controle dos muçulmanos. Em 1095, o papa Urbano II lançou a primeira Cruzada. Entre os séculos 11 e 13, houve oito Cruzadas, e os cavaleiros que participaram delas acreditavam que, com isso, tinham uma lugar garantido no Paraíso. Para os muçulmanos, as Cruzadas foram uma extensa campanha militar com vistas a expandir o território da Cristandade e eliminar o Islã.

EII: Sigla de Estado Islâmico do Iraque.

EIIS: Sigla de Estado Islâmico do Iraque e da Síria. Também conhecida como Estado Islâmico do Iraque e do Levante (EIIL) e Estado Islâmico (EI), essa organização terrorista foi criada oficialmente em 2013, embora sua história remonte aos primeiros tempos do ano 2000 e da Al-Qaeda. Seus domínios abrangem grandes regiões do Iraque e da Síria e, até o início de setembro de 2014, suas forças continuavam a atacar a cidade iraquiana de Mossul.

136 LORETTA NAPOLEONI

Estado-fantasma: Resultado do processo pelo qual uma organização armada monta a infraestrutura socioeconômica (sistema tributário, agências de emprego estatal etc.) de um Estado sem que tenha nenhuma estrutura política de fato, ou seja, território, autodeterminação.

Euskadi ta Askatasuna (ETA): Euskadi ta Askatasuna, que significa "Pátria Basca e Liberdade" no idioma basco, é um grupo armado que luta pela independência do País Basco em relação à Espanha. O ETA nasceu do EKIN, um grupo nacionalista que mudou o próprio nome para Euskadi ta Askatasuna em 1958. As primeiras iniciativas do grupo envolveram atentados com explosivos em cidades bascas, tais como Bilbao. Em 1968, o ETA pôs em prática sua primeira iniciativa militar e, em anos subsequentes, intensificou seus atos de violência contra forças de segurança e políticos. O grupo continua em atividade na Espanha e mantém laços com grupos armados em todo o mundo. Acredita-se que seu número de militantes seja muito pequeno, talvez formado por não mais que vinte ativistas radicais e várias centenas de aliados, e que seu quartel-general esteja localizado nas províncias bascas da Espanha e da França.

FARC: Criadas, em 1964, por Manuel Marulanda Vélez e outros membros do Comitê Central do Partido Comunista da Colômbia (Partido Comunista de Colombia—PCC), as FARC (Fuerzas Armadas Revolucionarias de Colombia) são uma organização armada de orientação marxista cujo objetivo é derrubar o governo do país. Ela alega que defende as pobres populações rurais da exploração das classes ricas da Colômbia e que, portanto, se opõe à influência americana no país, à privatização da exploração dos recursos naturais e à presença de multinacionais em território colombiano. O grupo direciona suas ações contra ricos proprietários de terras, turistas estrangeiros e importantes autoridades nacionais e internacionais. Sua estrutura organizacional se assenta em bases militares e seus membros, cujo número está estimado em torno de 7.000, trajam fardas militares e se comportam como um exército regular. Sua importância aumentou graças a uma aliança com traficantes de drogas colombianos. Especialistas estimam que as FARC recebam algo entre 200 milhões e 400 milhões de dólares com essa aliança — pelo menos a metade dos lucros auferidos com o tráfico de drogas. O restante é gerado com sequestros, extorsões e um "imposto" extraoficial cobrado às populações interioranas do país (www.contrast.org/mirrors/farc/).

Fitna: Originalmente com a acepção de provação da fé do crente, o termo *fitna* se refere agora a períodos de turbulência e guerras internas na comunidade muçulmana. É frequentemente usado na história do Islã com o significado especial de guerra civil.

Frente Jabhat al-Nusra: Um braço da Al-Qaeda que opera na Síria e no Líbano. A organização foi criada em 2012, durante a Guerra Civil Síria. Ela se envolveu em vários conflitos com o EIIS e, na época da publicação deste livro, estava sofrendo sérias derrotas em guerra aberta com as forças do Estado Islâmico.

Groupe Islamique Armè (GIA): Grupo armado islâmico que se acredita tenha nascido, em março de 1992, por iniciativa de árabes e afegãos quando voltaram para a Argélia, após participação na Guerra do Afeganistão. Ele é comandado pelo emir Abou Abd Ahmed, também conhecido como "Djafaar al-Afghani". O objetivo final do GIA é derrubar o atual governo do país, apoiado por militares, e estabelecer um Estado islâmico baseado na xariá. Estima-se que o número de filiados ao grupo gire em torno de 20.000–25.000 militantes. Desde dezembro de 1993, o GIA vem realizando ataques muito violentos contra estrangeiros na Argélia, bem como contra cidadãos argelinos.

138 LORETTA NAPOLEONI

Guerra por procuração: Expressão que denota a ideia de terceiros combatendo no lugar de potências mundiais mais poderosas, com o apoio financeiro delas. Um excelente exemplo desse tipo de guerra é o conflito no Vietnã no fim da década de 1960 e início da de 1970.

Hamas: Criado em 14 de dezembro de 1987 (cinco dias após o início da Intifada), como um braço palestino da Irmandade Muçulmana, o objetivo do grupo é estabelecer um Estado palestino no lugar de Israel. Principal rival da OLP nos territórios ocupados por Israel, o Hamas beneficiou-se dos fracassos de Yasser Arafat na frente de combate internacional, principalmente após a Guerra do Golfo. Ele considera a guerra o único meio de libertar os Territórios Ocupados e estabeleceu uma relação lógica direta entre o Islã e a libertação dos Territórios Ocupados que limita ou até exclui a aceitação de quaisquer acordos ou concessões sobre a questão. O grupo é responsável por muitos ataques em Israel, principalmente com homens-bomba, mas estava disposto a reconhecer a soberania de Israel como condição para participar de um governo de coalizão no início do verão de 2014. Ele concentra suas atividades na Faixa de Gaza e em umas poucas áreas na Cisjordânia. Os objetivos do Hamas, conforme declarado pela organização em seu estatuto, em 18 de agosto de 1988, incluem, além da libertação da Palestina e da criação de um Estado islâmico palestino, a rejeição da presença de quaisquer instituições ou componentes ocidentais nos países muçulmanos e a oposição à secularização e à ocidentalização da sociedade árabe.

Hezbollah: Palavra árabe que significa "Partido de Deus", Hezbollah é o nome de um grupo libanês xiita radical formado em 1982, em resposta à invasão do Líbano por Israel. Ele defende o estabelecimento de um governo islâmico no Líbano, tal como aconteceu no Irã, a libertação de todos os territórios árabes ocupados e a expulsão de não muçulmanos de países islâmicos. O grupo é financiado pelo Irã e opera, predominantemente, no vale de Beca, ao sul de Beirute. Estima-se que seu número de militantes chegue a 40.000 pessoas no Líbano e a vários milhares de aliados. Ele conta em suas ações com armamento pesado, tais como vários lançadores de foguetes de artilharia soviéticos BM-21. Sabe-se ou suspeita-se que alguns de seus membros participaram de inúmeros ataques contra os Estados Unidos. O Hezbollah é conhecido também pelo nome islâmico Jihad, mas seu braço armado oficial é denominado Resistência Islâmica. Esta última, criada em 1983, supervisiona operações militares no Sul do Líbano. Ela conta em suas fileiras com 400 combatentes bem-treinados e a colaboração de 5.000 aliados. Além de ataques esporádicos (a maioria atentados a bomba e assassinatos), comanda operações militares contra os exércitos israelense e libanês. Militarmente organizada, as atividades da Resistência Islâmica vêm se tornando cada vez mais ilegais desde 1993. Digna de nota é a tentativa do grupo de criar uma base de apoio popular no Sul do Líbano por meio de atividades de assistência social, tais como a empreendida por sua Jihad al-Hoed ("Campanha sagrada de reconstrução"), com a qual financia a reconstrução de edifícios destruídos pelo exército israelense. Ela dá também 25.000 dólares às famílias dos "mártires" que morrem durante operações suicidas.

Imã: Em sua acepção genérica, significa o líder dos pregadores congregacionais muçulmanos, posto que não requer nenhuma ordenação sacerdotal ou poderes espirituais especiais, exceto instrução escolar suficiente para o exercício da função. O termo é usado figuradamente também por muitos muçulmanos sunitas para se referirem ao líder da comunidade islâmica. Entre os xiitas, a palavra assume muitos significados complexos. De forma geral, porém, e principalmente quando usada com inicial maiúscula, ela indica para os xiitas o descendente da Facção de Ali que se acredita ter sido designado o delegatário da autoridade espiritual de Deus.

Império Otomano: O império muçulmano estabelecido no fim do século 13 por Osman I, fundador da dinastia turca no noroeste da Anatólia, e ampliado por seus sucessores, conhecidos como otomanos, os quais conquistaram os territórios bizantinos da parte ocidental da Anatólia e do Sudeste da Europa. No auge de sua existência, o poderio dos otomanos se estendia por todo o Oriente Médio, partes do Norte da África e Sudeste da Europa, mas o império começou a desintegrar-se no século 19 e ruiu de vez na Primeira Guerra Mundial; o coração da Anatólia tornou-se a República da Turquia e as províncias vizinhas foram reconhecidas como Estados independentes.

Irmandade Muçulmana: Fundada no Egito em 1928, essa associação é considerada o protótipo de organização muçulmana por todos os modernos movimentos islâmicos de orientação sunita. Presente em todo o mundo, a Irmandade Muçulmana busca promover a reforma do Islã com a finalidade de restaurar sua pureza doutrinária.

Islamismo: Ideologia política baseada na crença de que os princípios religiosos muçulmanos devem dominar todos os aspectos da vida pública e privada.

Jihad antissoviética: A guerra empreendida por afegãos e outros guerrilheiros muçulmanos (mujahedin) contra os invasores soviéticos do Afeganistão, de dezembro de 1979 a fevereiro de 1989. O conflito terminou com a derrota e a retirada do exército soviético.

Jihad: Este termo é frequente e equivocadamente traduzido como "Guerra Santa", conceito criado na Europa durante as Cruzadas. "Jihad" é uma palavra árabe que significa "esforço, empenho, luta" e uma tradução melhor de seu significado no âmbito de doutrina religiosa seria "lutando ou empenhando-se pela causa de Deus". A jihad apresenta dois aspectos: a jihad maior, a luta íntima do crente para superar os desejos carnais e as más inclinações, e a jihad menor, a defesa armada do mundo islâmico contra agressores. O termo tem sido usado por diferentes grupos armados, en. seus violentos confrontos com o Ocidente; num episódio famoso de sua vida, Osama bin Laden convocou uma jihad em sua *fatwa* contra os americanos, conclamando os fiéis a travarem uma "guerra justa" contra o opressor.

Jizyah: Imposto aplicado a setores das sociedades islâmicas cujos membros não são muçulmanos. Embora o imposto não tenha a aprovação de Estados nacionais do mundo islâmico, o EI exige o pagamento desse tributo em algumas áreas.

Kufr: Literalmente, "descrença", o termo é usado para designar os que não acreditam no Islã.

Maktab al-Khidamat: Também conhecida como "Agências de Serviços Afegãos", foi uma organização fundada em 1984 por Osama bin Laden e Abdullah Azzam. Seu propósito era levantar fundos e recrutar soldados terroristas para combater os soviéticos. Após a morte de Azzam, em 1989, a Maktab al-Khidamat foi incorporada à Al-Qaeda.

Moqtada al-Sadr: Líder islâmico iraquiano de grande influência. Numa decisão repentina, em fevereiro de 2014, ele abandonou o governo.

Mujahedin: Forma plural da palavra árabe *mujahed* e que significa "aquele que faz jihad". O termo era aplicado a muçulmanos que lutavam contra os soviéticos no Afeganistão (1979-89) e tem sido traduzido como "guerreiros santos".

Mulá Omar: O líder espiritual e comandante do Talibã. Ele foi também líder afegão de 1996 a 2001 e deposto quando os Estados Unidos invadiram o país.

Nacionalismo: Termo usado para descrever o sentimento e a ideologia de apego a uma nação e a seus interesses. A palavra se origina da tese segundo a qual a existência do Estado deve basear-se numa nação de fato e que esta deve constituir-se na forma de Estado. O nacionalismo, para caracterizar-se como tal, demanda a consciência de uma identidade nacional, que pode incluir o componente da integridade territorial, um idioma usado em comum pelos membros da nação, bem como a valorização e a preservação, da parte destes, de costumes e outros elementos culturais inerentes a essa identidade.

Organização para a Libertação da Palestina (OLP): Movimento nacionalista palestino e a principal organização de todos os movimentos palestinos, a OLP foi criada, em 1964, por Ahmed Shukeiry sob os auspícios do Egito. Seu objetivo, conforme declarado em seus estatutos, estabelecidos em maio de 1964, é a criação de um Estado palestino independente no território ocupado atualmente por Israel ou pelo menos nos Territórios Ocupados (Gaza e Cisjordânia). Yasser Arafat foi seu líder de 1969 a 2004, ano de sua morte, e sucedido por Mahmoud Abbas, que continua no posto.

Peshmerga: Nome oficial do Exército Curdo. Seus combatentes já existem, porém, sob as mais variadas condições, desde as ações do movimento pela independência curda da década de 1920, após o colapso do Império Otomano. Uma de suas características notáveis é que ele tem mulheres em suas fileiras.

Salafismo moderno: Versão de uma interpretação radical do salafismo. Movimento do islamismo sunita de forte oposição ao Ocidente e cujos sectários apregoam o retorno à pureza doutrinária do Islã.

Salafismo: Seita islâmica que defende a adesão e observância rigorosa, literal, à doutrina islâmica. Surgida no século 19 como resposta à influência europeia no mundo islâmico, o salafismo é considerado puritano às vezes e quase sempre associado à jihad. Os salafistas estão localizados, em sua maioria, na Arábia Saudita, no Catar e nos Emirados Árabes Unidos e são considerados "a minoria dominante" no Oriente Médio.

SCII: Supremo Conselho Islâmico do Iraque, um partido político xiita iraquiano.

Sunismo: A maior seita do mundo islâmico. Após a morte de Maomé, os sectários do Islã que apoiavam um método tradicional de escolha de seu líder político-religioso com base na concordância da comunidade muçulmana passaram a ser conhecidos como sunitas, aos quais se opunham os xiitas, que defendiam a sucessão do califado por direito hereditário.

Takfir: Palavra árabe que significa acusação de apostasia.

Tawhid: A unicidade de Deus, o postulado de que Ele é uno, na teologia islâmica.

Ulemás: Doutores em teologia e leis canônicas islâmicas.

Umma: A comunidade mundial dos crentes muçulmanos, onde as diferenças de nacionalidade, etnia, orientação política e posição socioeconômica são irrelevantes.

Xariá: Literalmente, 'legislação", palavra que se refere ao código moral e legal que coliga ideologicamente os muçulmanos e rege todos os aspectos de suas vidas.

144 LORETTA NAPOLEONI

Xeque Abdullah Azzam: Muçulmano sunita que manifestou apoio à jihad contra os invasores soviéticos durante o fim da década de 1980. Junto com bin Laden, criou a Agência de Serviços Afegãos, instituição que levantava recursos financeiros e recrutava terroristas, e a Al-Qaeda. Ele morreu num atentado com um carro-bomba em novembro de 1989.

Xiitas: Seguidores dos partidários de Ali ("Shiat Ali"), genro de Maomé, que se recusaram a submeter-se ao califa Muawiya na Grande Fitna, provocando assim o maior dos cismas no Islã.

Zakat: Ato de caridade obrigatório que constitui um dos cinco pilares do Islã. Significa, literalmente, "purificação".

NOTAS BIBLIOGRÁFICAS

1 Basma Atassi, "Iraqi Al-Qaeda Chief Rejects Zawahiri's Orders", http://www. aljazeera.com/news/middleeast/2013/06/2013615172217827810.html.

2 "Califado" é o nome dado a um Estado islâmico governado por um líder político-religioso supremo, que passa a ser conhecido como califa ou sucessor do profeta Maomé. Da série de impérios muçulmanos tidos como "califados", o mais famoso foi o Califado Otomano (ou Império), que existiu de 1453 até 1924. Centrado no poder dos sultões turcos, o Califado Otomano se expandiu até os Bálcãs e a Hungria sob o reinado de Solimão, o Magnífico, no século XVI, e chegou aos portões de Viena.

3 Nick Paton Walsh, Gul Tuysuz, Raja Razek, "Al Qaeda-Linked Group Strengthens Hold in Northern Syria", http://edition.cnn.com/2013/11/05/world/europe/ syria-turkey-al-qaeda/.

4 "To be modern implies a manner of apprehending the world that seizes upon its present possibilities and dynamics of change toward fuller development". [Ser moderno é saber entender o mundo de forma que se consiga tirar proveito de possibilidades atuais e da dinâmica de suas mudanças com vistas ao fomento do desenvolvimento individual ou coletivo.] Paul Nadal, "What Is Modernity?" http://belate.wordpress.com/2013/03/03/what-is-modernity/.

5 Várias páginas, "Life Under ISIS For Residents of Raqqa: Is This Really A Caliphate Worse Than Death?" http://www.independent.co.uk/news/world/ middle-east/life-under-isis-for-residents-of-raqqa-is-this-really-a-calipha-te-worse-than-death-9715799.html.

6 Hannah Strange, "Islamic State Leader Abu Bakr al-Baghdadi Addresses Muslims in Mosul", http://www.telegraph.co.uk/news/worldnews/middle-east/iraq/10948480/Islamic-State-leader-Abu-Bakr-al-Baghdadi-addresses-Muslims-in-Mosul.html.

7 Roula Khalaf, "Abu Bakr Al-Baghdad: Isis Leader." http://www.ft.com/cms/s/ 0/ec63d94c-02b0-11e4-a68d-00144feab7de.html.

8 Paul Gilbert, *Terrorism, Security and Nationality* (Londres: Routledge, 1995).

9 Benoît Faucon, Ayla Albayrak, "Islamic State Funds Push Into Syria and Iraq with Labyrinthine Oil-Smuggling Operation." http://online.wsj.com/

articles/islamic-state-funds-push-into-syria-and-iraq-with-labyrinthine-oil-smuggling-operation-1410826325.

10   Alex Bilger, "ISIS Annual Reports Reveal a Metrics-Driven Military Command." http://www.understandingwar.org/sites/default/files/ISWBackgrounder_ISIS_Annual_Reports_0.pdf.

11   GPO, "PLO's Ability to Help Palestinian Authority Is Not Clear", http://www.gpo.gov/fdsys/pkg/GAOREPORTS-NSIAD-96-23/html/GAOREPORTS-NSIAD-96-23.htm.

12   Press Release, "Islamic State Has Up To $2 Billion for the War Against the US", http://vestnikkavkaza.net/new/politics/60124.html.

13   Dois dos principais motivos do desmantelamento das forças armadas iraquianas, compostas por nada menos que 350 mil soldados, são a covardia e a falta de lealdade de seus integrantes. Mas existe também o problema da corrupção generalizada. Comandantes recebiam salários de "batalhões-fantasmas" inteiros, unidades que não existiam. Esses montantes eram suficientes para pagar o soldo de 600 soldados, quando, na verdade, havia apenas 200 deles em dada unidade. "Apesar dos enormes gastos no exército, num total, segundo consta, de 41,6 bilhões de dólares nos últimos três anos, unidades eram enviadas para a frente de batalha com munição insuficiente, apenas quatro pentes para cada fuzil de assalto. O EIIL produziu vídeos aterradores mostrando a facilidade com que seus atiradores de elite conseguiam ferir e matar soldados." http://www.independent.co.uk/news/world/middle-east/isis-caliphate-has-baghdad-worried-because-it-will-appeal-to-angry-young-sunnis-9574393.html.

14   Apesar de toda a retórica em torno da Guerra contra o Terror, de que ela poderia ser o prenúncio de uma nova era do imperialismo americano, nem mesmo no Iraque o Ocidente conquistou novos territórios com a pretensão de incorporá-los ao país, como acontecia nas guerras de conquista medievais.

15   John Gray, "A Point of View: Isis and what it means to be modern", http://www.bbc.com/news/magazine-28246732.

16   Lawrence Joffe, "Obituary: Ayatollah Mohammad Bakir al-Hakim", http://www.theguardian.com/news/2003/aug/30/guardianobituaries.iraq.

17   David Rose, "Heads in the Sand", http://www.vanityfair.com/politics/features/2009/05/iraqi-insurgents200905.

18   Greg Bruno, "The Role of the 'Sons of Iraq' In Improving Security", http://www.washingtonpost.com/wp-dyn/content/article/2008/04/28/AR2008042801120.html.

19   Matt Bradley and Ali A. Nabhan, "Iraqi Officer Takes Dark turn to al-Qaeda", http://online.wsj.com/news/articles/SB10001424052702304834704579405440767359448.

A FÊNIX ISLAMISTA   **147**

20 Bill Roggio, "Analysis: ISIS, allies reviving 'Baghdad belts' battle plan", http://www.longwarjournal.org/archives/2014/06/analysis_isis_allies.php.

21 Ibid.

22 Ibid.

23 Ibid.

24 The White House, "President's Address to the Nation, January 10, 2007.", http://georgewbush-whitehouse.archives.gov/news/releases/2007/01/20070110-7.html.

25 Peter Beaumont, "Abu Bakr al-Baghdadi: The ISIS Chief With the Ambition to Take Over al Qaeda", http://www.theguardian.com/world/2014/jun/12/baghdadi-abu-bakr-iraq-isis-mosul-jihad.

26 Várias páginas, "Interior Published a New Picture of the Leader of 'Daash' Abu Bakr al-Baghdadi", http://www.shafaaq.com/sh2/index.php/news/iraq-news/71597-qq.html (em árabe).

27 Jenna McLaughlin, "Was Iraq's Top Terrorist Radicalized at a US Run Prison?", http://www.motherjones.com/politics/2014/07/was-camp-bucca-pressure-cooker-extremism.

28 Várias páginas, "The Biography of Sheikh Abu Bakr al-Baghdadi", https://archive-org/stream/TheBiographyOfSheikAbuBakrAlBaghdadi/The%20biography%20of%20Sheik%20Abu%20Bakr%20Al-Baghdadi_djvu.txt.

29 Lizzie Dearden, "Iraq Crisis: ISIS Leader Pictured for the First Time After Declaring Islamic Caliphate", http://www.indepedent.co.uk/news/world/middle-east/iraq-crisis-isis-leader-pictured-for-first-time-after-declaring-islamic-caliphate-9586787.html.

30 Sohrab Ahmari, "Inside the Mind of the Western Jihadist", http://online.wsj.com/articles/sohrab-ahmari-inside-the-mind-of-the-western-jihadist-1409352541.

31 Entrevista com Michael Przedlacki em 16 de setembro de 2014.

32 Aryn Baker, "Why Al Qaeda Kicked Out Its Deadly Syrian Franchise", http://time.com/3469/why-al-qaeda-kicked-out-its-deadly-syria-franchise/.

33 Paul Crompton, "The Rise of the New Caliph, ISIS Chief Abu Bakr al-Baghdadi", http://english.alarabiya.net/en/perspective/profiles/2014/06/30/The-rise-of-the-new-caliph-ISIS-chief-Abu-Bakr-al-Baghdadi.html.

34 Donald Neff, "The First Intifada Erupts, Forcing Israel to Recognize Palestinians". http://www.ampalestine.org/index.php/history/the-intifadas/364-the-first-intifada-erupts-forcing-israel-to-recognize-palestinians.

35 Loretta Napoleoni, *Terror Incorporated* (Nova York: Seven Stories Press, 2005).

36 Hannah Allam, "Records Show How Iraqi Extremists Withstood US Anti-terror Efforts", http://www.mcclatchydc.com/2014/06/23/231223/records-show-how-iraqi-extremists.html.

37   Bernard Haykel, "The Enemy of My Enemy Is Still My Enemy", http://www.nytimes.com/ref/opinion/26haykel.html.

38   Aryn Baker, "Syrian Rebels Appear to Have a new Type of US Made Anti-Tank Weapon", http://www.time.com/57313/syrian-rebels-are-seen-with-u-s-made-weapons/.

39   Erika Solomon, Daniel Dombey, "PKK 'terrorists' Crucial to Fight Against ISIS", http://www.ft.com/cms/s/0/4a6e5b90-2460-11e4-be8e-00144feabdco.html#axzz3ATSuWooo.

40   Entrevista com Francesca Borri em 15 de setembro de 2014.

41   Entrevista com um ex-rebelde sírio em 10 de agosto de 2014.

42   Entrevista com Francesca Borri em 15 de setembro de 2014.

43   "Opposizione siriana, Qatar ha pagato riscatto di 20 milioni di dollari per rilascio caschi blu da al-Nusra", *La Repubblica* de 13 de setembro de 2014 (em italiano).

44   "Il Fatto Quotidiano, Isis, nuovo video. L' ostaggio John Cantlie ai media: 'Dite la verità su Stato Islamico'", http://www.ilfattoquotidiano.it/2014/09/18/isis-nuovo-video-lostaggio-john-cantlie-ai-media-ditte-la-verita-sullo-stato-islamico/1125414/ (em italiano).

45   Elliot Ackerman, "Watching ISIS Flourish Where We Once Fought", http://www.newyorker.com/news/news-desk/watching-isis-flourish-where-we-once-fought.

46   "ISIS Leader al-Baghdadi Proves Formidable Enemy", http://www.al-monitor.com/pulse/originals/2014/02/iraq-isis-baghdadi-mystery.html.

47   Middle East Monitor, "Corruption in the Palestinian Authority", https://www.middleeastmonitor.com/downloads/reports/20131214_CorruptioninthePalestinianAuthority.pdf.

48   Maggie O'Kane, "Where War is a Way of Life", http://www.theguardian.com/world/2001/oct/15/afghanistan.terroism9.

49   Hannah Allam, "Records Show How Iraqi Extremists Withstood US Anti-terror Efforts", http://www.mcclatchydc.com/2014/06/23/231223/records-show-how-iraqi-extremists.html.

50   Aliás, Moqtada al-Sadr seguiu um caminho parecido no subúrbio xiita de Bagdá em 2003, criando seu próprio Estado-fantasma e programas sociais, iniciativa que acabou dando resultados muito bons.

51   Aaron Zelin, "The Islamic State of Iraq and Syria Has a Consumer Protection Office", http://www.theatlantic.com/international/archive/2014/06/the-islamic-state-of-iraq-and-syria-has-a-consumer-protection-office/372769/.

52   Entrevista com Michael Przedlacki em 16 de setembro de 2014.

53   Fehim Taştekin, "Turkey's Syria borders an open door for smugglers", http://www.al-monitor.com/pulse/originals/2014/04/turkey-syria-borders-smuggling-guns-conflict-kurds-pkk-isis.html.

A FÊNIX ISLAMISTA **149**

54 Aaron Zelin, "The Islamic State of Iraq and Syria Has a Consumer Protection Office", http://www.theatlantic.com/international/archive/2014/06/the-islamic-state-of-iraq-and-syria-has-a-consumer-protection-office/372769/.
55 Ibid.
56 Juan Foerom, "Rebel-Held Zone in Colombia Fears End of Truce", http://www.nytimes.com/2000/12/16/world/rebel-held-zone-in-colombia-fears-end-of-truce.html.
57 Jeremy Bowen, "Iraq Crisis: Fighting in Tikrit After 'Caliphate' Declared", http://www.bbc.com/news/world-middle-east-28092840.
58 Frank Gardner, "ISIS Rebels Declare 'Islamic State' in Iraq and Syria", http://www.bbc.co.uk/news/world-middle-east-28082962.
59 Francesca Borri, "Behind the Black Flag: Current, Former ISIL Fighters Speak", http://www.usnews.com/news/articles/2014/06/25/behind-the-black-flag-current-former-isil-fighters-speak.
60 William Dalrymple, "The ISIS Demand for a Caliphate Is About Power, Not Religion", http://www.theguardian.com/commentisfree/2014/jul/13/isis-caliphate-abu-bakr-al-baghdadi-jihadi-islam.
61 Dr. Zachariah Matthews, "The Golden Age of Islam", http://www.irfi.org/articles/articles_401_450/golden_age_of_islam.htm.
62 Seria um equívoco, contudo, incluir o regime Talibã nessa categoria, por várias razões, entre elas a importação de uma crença e de um modelo político estrangeiros para o Afeganistão, um território ao qual os domínios do califado original não chegaram.
63 Entrevista com um tradutor albanês que trabalhou para o exército americano no Kosovo em 25 de julho de 2014.
64 Ludovica Iaccino, "ISIS Insurgents Tweet Picture of Beheaded Man: This is our ball. It's made of skin #WorldCup". http://www.ibtimes.co.uk/isis-insurgents-tweet-picture-beheaded-man-this-our-ball-its-made-skin-worldcup-1452643.
65 Entrevista com Loretta Napoleoni.
66 Roula Khalaf, Sam Jones, "Selling Terror: How ISIS Details its Brutality", http://www.ft.com/cms/s/2/69e70954-f639-11e3-a038-00144feabdco.html.
67 BBC News, "Iraq's Annual Death Toll Highest in Five Years", http://www.bbc.com/news/world-middle-east-25568687.
68 Aaron Zelin, "The Islamic State of Iraq and Syria Has a Consumer Protection Office", http://www.theatlantic.com/international/archive/2014/06/the-islamic-state-of-iraq-and-syria-has-a-consumer-protection-office/372769/.
69 Francesca Borri, "Behind the Black Flag: Current, Former ISIL Fighters Speak", http://www.usnews.com/news/articles/2014/06/25/behind-the-black-flag-current-former-isil-fighters-speak.

70 Deborah Amos, "Islamic State Rule: Municipal Services and Public Beheadings", http://www.npr.org/blogs/parallels/2014/09/12/347748371/islamic-state-rule-municipal-services-and-public-beheadings.

71 BBC News, "Battle for Iraq and Syria in Maps", http://www.bbc.co.uk/news/world-middle-east-27838034.

72 Entrevista com Francesca Borri em 15 de setembro de 2014; *ver também* Francesca Borri, *La Guerra Dentro* (Turim: Einaudi, 2014).

73 Michael Daly, "ISIS Leader: See You in New York", http://www.thedailybeast.com/articles/2014/06/14/isis-leader-see-you-in-new-york.html.

74 Fox News, "The Next Bin Laden: ISIS Leader Abu Bakr Al-Baghdadi", http://www.foxnewsinsider.com/2014/06/13/next-bin-laden-isis-leader-abu-bakr-al-baghdadi.

75 Juan Sanchez, *Terrorism & Its Effects* (Global Media, 2007).

76 www.assabeel.net (n1 539, 2 de maio de 2004).

77 Sohrab Ahmari, "Inside the Mind of the Western Jihadist", http://online.wsj.com/articles/sohrab-ahmari-inside-the-mind-of-the-western-jihadist-1409352541.

78 VICE News, "The Islamic State", https://www.youtube.com/watch?v=AUjHb4C7b94.

79 "Islamic State Switches to New Platforms After Twitter Block", http://www.bbc.com/news/world-midle-east-28843350.

80 Jack Healy, "For Jihad Recruits, a Pipeline from Minnesota to Militancy", http://www.nytimes.com/2014/09/07/us/for-Jihad-recruits-a-pipeline-from-Minnesota-to-militancy.html.

81 J. M. Berger, "How ISIS Games Twitter", http://www.theatlantic.com/international/archive/2014/06/isis-iraq-twitter-social-media-strategy/372856/.

82 Cahal Milmo, "ISIS Jihadists Using World Cup and Premier League Hashtags to Promote Extremist Propaganda on Twitter", http://www.independent.co.uk/news/world/middle-east/iraq-crisis-exclusive-sis-jihadists-using-world-cup-and-premier-league-hashtags-to-promote-extremist-propapanda-on-twitter-9555167.html.

83 "ISIS Leader al-Baghdadi Proves Formidable Enemy", http://www.al-monitor.com/pulse/originals/2014/02/iraq-isis-baghdadi-mystery.html.

84 Cahal Milmo, "ISIS Jihadists Using World Cup and Premier League Hashtags to Promote Extremist Propaganda on Twitter", http://www.independent.co.uk/news/world/middle-east/iraq-crisis-exclusive-sis-jihadists-using-world-cup-and-premier-league-hashtags-to-promote-extremist-propapanda-on-twitter-9555167.html.

85 Entrevista com Francesca Borri em 15 de setembro de 2014.

A FÊNIX ISLAMISTA **151**

86 Sohrab Ahmari, "Inside the Mind of the Western Jihadist", http://online. wsj.com/articles/sohrab-ahmari-inside-the-mind-of-the-western-jihadist-1409352541.

87 Jonathan Owen, "British Fighters Make Up a Quarter of Foreign Jihadists", http://www.independent.co.uk/news/world/middle-east/islamic-state-backgrounder-british-fighters-make-up-a-quarter-of-foreign-jihadists-9681547. html.

88 Entrevista com Francesca Borri em 15 de setembro de 2014.

89 Jason Burke, "The ISIS Leader's Vision of the State is a Profoundly Contemporary One", http://www.theguardian.com/commentisfree/2014/aug/24/isis-abu-bakr-al-baghdadi-jason-burke.

90 Tom Englehardt, "Don't Walk Away From War: It's Not The American Way", http://original.antiwar.com/engelhardt/2014/06/10/dont-walk-away-from -war/.

91 Robert Fisk, "Iraq Crisis: Sunni Caliphate Has Been Bankrolled by Saudi Arabia", http://www.belfasttelegraph.co.uk/opinion/columnists/robert-fisk/iraq-crisis-sunni-caliphate-has-been-bankrolled-by-saudi-arabia-3035 1679.html.

92 Damien McElroy, "ISIS Leader: Muslims Must Fight Until Rome Conquered", http://www.independent.ie/world-news/middle-east/isis-leader-muslims-must-fight-until-rome-conquered-30399749.html.

93 Ibid.

94 Saladino (1137/1138-4 de março de 1193) foi o primeiro sultão do Egito e da Síria e o fundador da dinastia aiúbida. Ele comandou a resistência dos muçulmanos contra as pretensões dos cruzados europeus no Levante. No auge do poder, seu sultanato se estendia pelo Egito, Síria, Mesopotâmia, Hejaz, Iêmen e outras partes do Norte da África.

95 O fato de que Qutb foi preso e torturado e acabou sendo enforcado pelo regime de Nasser transformou seu sofrimento em símbolo das vítimas de governos árabes opressores.

96 Damien McElroy, "ISIS Leader: Muslims Must Fight Until Rome Conquered".

97 Ben Hubbard, "ISIS Threatens Al Qaeda as Flagship Movement of Extremists", http://www.nytimes.com/2014/07/01/world/middleeast/isis-threatens-al-qaeda-as-flagship-movement-of-extremists.html.

98 "How Saudi Arabia helped Isis take over the north of Iraq", http://www.belfasttelegraph.co.uk/opinion/how-saudi-arabia-helped-isis-take-over-the-north-of-iraq-30435038.html.

99 Nick Patton Walsh, "The Secret Jihadi Smuggling Rout Through Turkey", http://www.cnn.com/2013/11/04/world/europe/isis-gaining-strength-on-syria-turkey-border/.

100 "Under the Microscope", programa de TV da rede saudita Al Jazeera transmitido via satélite, em 1º de julho de 2004 (em árabe).

101 Várias páginas, "The Biography of Sheikh Abu al-Baghdadi", https://archive. org/stream/TheBiographyOfSheikhAbuBakrAlBaghdadi/The%20biography%20of%20Sheikh%20Abu%20Bakr%20Al-Baghdadi_djvu.txt.

102 Albert Hourani, *A History of the Arab Peoples* (Cambridge, Massachusetts: Harvard University Press, 2003).

103 http://www.oxfordislamicstudies.com/article/opr/t125/e2356.

104 Ibid.

105 "The Future of Sharia: Negotiating Islam in the Context of the Secular State", http://sharia.law.emory.edu/index.html%3Fq=en%252Fwars_apostasy.html.

106 "How Saudi Arabia helped Isis take over the north of Iraq", http://www.belfasttelegraph.co.uk/opinion/how-saudi-arabia-helped-isis-take-over-thenorth-of-iraq-30435038.html.

107 Mike Schuster, "The Origins of the Shiite-Sunni Split", http://www.npr.org/blogs/parallels/2007/02/12/7332087/the-origins-of-the-shiite-sunni-split.

108 "The Saud Family and Wahhabi Islam", http://countrystudies.us/saudi-arabia/7.htm.

109 Nassima Neggaz, "The Falls of Baghdad in 1258 e 2003: A Study in Sunni-Shi'i Clashing Memories", https://repository.library.georgetown.edu/handle/10822/707405.

110 *Bashaer*, nº 26, de 27 de dezembro de 2004. Para mais informações sobre o conceito de americanos como os novos mongóis, ver também "Iraqi Vice President: 'Thousands of Suicide Attackers Will Fight Against US'", *Der Spiegel* de 1º de fevereiro de 2003; Sam Hamod, "The New Mongols", *al Jazeera*, 19 de novembro de 2004.

111 Ibid.

112 Em 28 de abril de 2003, Saddam Hussein declarou que Bush havia entrado em Bagdá com a ajuda de Alqami: ver *al Quds al Arabi*, 30 de abril de 2003.

113 Loretta Napoleoni, "The Myth of Zarqawi", http://www.antiwar.com/orig/napoleoni.php?articleid=7988.

114 Em 2003, a presença de combatentes estrangeiros e homens-bomba no Triângulo Sunita era uma das principais características que diferenciavam a resistência sunita da insurgência xiita. Outra delas eram o passado e as motivações dos dois grupos. Enquanto o último participava, basicamente, de uma luta de classes, o primeiro empreendia uma anticruzada contra as forças da coalizão e uma guerra civil contra os xiitas. Desde o início, com sua revolta xiita, Moqtada al-Sadr buscara reconhecimento político para seus seguidores, antes excluídos dos principais cargos políticos, e uma fatia do bolo político para si mesmo. Aliás, os xiitas conseguiram assumir o controle

total de um "Iraque democrático"; já os insurgentes sunitas ficaram muito ocupados com sua guerra total contra as potências invasoras e, após o ataque suicida contra o imã Ali Mosque, com uma guerra civil contra hereges muçulmanos.

115 John Cantlie, "Lend Me Your Ears", https://www.youtube.com/watch?v=Vcew3qmidRI.

116 Ali Khedery, "How ISIS Came to Be", http://www.theguardian.com/world/2014/aug/22/syria-iraq-incubators-isis-jihad.

117 Ibid.

118 Ibid.

119 Ibid.

120 Anistia Internacional, "Nigeria: Gruesome footage implicates military in war crimes", http://www.amnesty.org/en/news/nigeria-gruesome-footage-implicates-military-war-crimes-2014-08-05.

121 Mary Kaldor, *New and Old Wars: Organized Violence in a Global Era* (Malden Massachusetts: Polity Press, 1999).

Impresso no Brasil pelo
Sistema Cameron da Divisão Gráfica da
DISTRIBUIDORA RECORD DE SERVIÇOS DE IMPRENSA S.A.
Rua Argentina 171 – Rio de Janeiro, RJ – 20921-380 – Tel.: 2585-2000